4,50

D1558680

EL MATRIMONIO FELIZ

Ignacio Larrañaga

El Matrimonio Feliz

Obra Nacional de la Buena Prensa, a.c.
Ciudad de México

El Matrimonio Feliz
Ignacio Larrañaga
Portada: Escultura de Georgina Farías

Primera edición mexicana, octubre 2002
Cuarta edición, abril 2004

Hecho en México
ISBN: 970-693-151-1
Con las debidas licencias

Texto propiedad del Provincial de Capuchinos de Chile, Catedral 2345, Santiago, Chile.

Derechos © reservados a favor de

OBRA NACIONAL DE LA BUENA PRENSA, A.C.
Orozco y Berra 180. Sta. María la Ribera.
Tel. 5546 4500. Fax 5535 5589
ventas@buenaprensa.com
www.buenaprensa.com
Dirección postal: Apartado M-2181. 06000 México. D.F.
Lada sin costo:01-800-50-24-090
Librerías:
• **San Cosme 5.** Sta. María la Ribera
06400 México, D.F. Tels: 5592 6928 y 5592 6948
• **Miguel Agustín Pro, S.J.**
Orizaba 39 bis. Col. Roma.
06700 México, D.F. Tels. 5207 7407 y 5207 8062
• **Loyola**
Congreso 8. Tlalpan. 14000 México, D.F.
Tels. 5513 63 87 y 5513 6388.
• **San Ignacio**
Donceles 105-D. Centro. 06020 México, D.F.
Tels. 57 02 18 18 y 57 02 16 48.
• **San Ignacio**
Washington, esq. Villagómez, Centro.
Monterrey, N.L.
Tels. 83 43 11 12 y 83 43 11 21.
• **San Ignacio**
Madero y Pavo, Sector Juárez, Guadalajara Jal.
Tels. 36 58 11 70 y 36 58 09 36
• **San Ignacio**
Czda. Cuauhtémoc 750. Nte. Centro. Torreón, Coah.
Tels. 793-14-51 y 793-14-52

Se terminó de imprimir esta 4a. edición el día 29 de abril de 2004, festividad de santa Catalina de Siena, en los talleres de Offset Santiago, S.A. de C.V. Río San Joaquín 436. Col. Ampliación Granada, México, D.F. Tel: 55-31-78-60

Índice

CAPÍTULO I

DESDE EL OBSERVATORIO
DE LA VIDA

DESTELLOS DE LUZ

El matrimonio es un vasto océano en cuyas profundidades se entrecruzan las corrientes, se agitan las aguas profundas, se integran y se desintegran las olas y, en el momento menos pensado, podemos ser empujados hacia playas desoladas.

Los que se internan en este mar desconocido del matrimonio ya están atrapados entre las redes de una aventura. Lo malo es que la aventura puede tornársenos en desventura. Y el propósito de este libro es precisamente que no suceda este infortunio. Al contrario, visualizamos y aspiramos a que la aventura acabe en una feliz ventura.

Lo que sucede es que los amadores se embarcan en esta navegación conyugal sin ponderar suficientemente los enigmas y riesgos, cautivados sólo por esa fuerza ineludible de la vida que llamamos *amor*.

¿Cuál es el objetivo de este libro?

Venimos con una pequeña lámpara de barro para alumbrar el camino, en busca del secreto de la alegría. Queremos trazar pistas de luz y acompañar a las parejas en su peregrinación hacia el alto ideal de la plenitud conyugal.

Sabemos que el camino está minado de asechanzas: toda convivencia está sujeta al desgaste; el amor, como sentimiento humano que es, no deja de tener su carácter de fugacidad; el paso de la vida asedia y aminora el encanto del amor.

¿Qué hacer para que el amor amanezca todas las mañanas con una cara nueva?

¿Cómo evitar ser devorados por el desencanto?

¿Qué pasos dar para evitar que la dominación-dependencia se instale sutilmente en el entramado de la relación?

¿Cómo lograr que el matrimonio sea una perpetua fiesta?

No podemos fluctuar entre los vaivenes y alternativas del amor.

¿Cómo evitarlo?

¿Cómo dejar fuera de combate al enemigo fundamental del amor que es el egoísmo?

¿Cómo impedir la fuga hacia dentro y la fuga hacia fuera?

¿Cómo sostener en pie las energías emocionales que circulan entre los dos corazones?

¿Cómo evitar que los cónyuges vivan juntos, pero distantes; juntos, pero ausentes?

¿Cómo lograr coronar con éxito el complejo proceso de la mutua adaptación?

¿Qué hacer para mantener alta y viva la llama del amor en las largas noches del invierno?

Éstas y semejantes preguntas serán abordadas en las páginas que siguen. Nos proponemos entregar respuestas prácticas y normas eficaces para las situaciones de emergencia en que puedan atascarse las ruedas de la armonía conyugal.

El lector se podrá formular, y con toda razón, algunos interrogantes: ¿con qué autoridad un hombre célibe puede dar lecciones de vida conyugal? ¿Qué nos puede decir un sacerdote, que no tiene ni idea sobre la complejidad de una existencia matrimonial?

Es verdad. Pero, a fin de cuentas, ¿de dónde, de qué secreta fuente he podido yo extraer alguna sabiduría —ya que no tengo experiencia— para impartir opiniones y consejos a hombres y mujeres comprometidos en matrimonio?

Primero; por largos años he vivido internado en el recinto sagrado de eso que llaman *trato personal* con centenares de parejas.

En segundo lugar, en numerosas oportunidades han llegado a mis manos conflictos conyugales; y he recorrido caminos ásperos, acompañando a las parejas, en búsqueda de salida y solución. Por añadidura, he consumado mi vida entera asomado al misterio de la relación humana, escribiendo numerosas páginas sobre este asunto, y el matrimonio no deja de ser esencialmente eso: una relación.

De esas vertientes ha podido ir llegándome alguna sabiduría que ahora me dispongo a compartir con los que viven comprometidos en una *vida a dos*.

ANTES QUE ESPOSOS, PERSONAS

La persona misma es la raíz y fuente de todos los derechos humanos. De esta premisa derivarán más tarde, conclusiones importantes que deberán tenerse presentes en el análisis de las relaciones conyugales.

Cada individuo que llega a este mundo es un *alguien* que no se había dado antes ni se dará después; es decir, alguien inédito, irrepetible, único.

Al pronunciar el pronombre personal *yo*, pronunciamos la palabra más sagrada del diccionario humano. Desde que amaneció la humanidad, hasta que se hunda en la noche eterna, nadie se experimentará como yo: soy único en este torbellino enloquecido de la marea humana. Conmigo se abre y se cierra un universo sagrado. Cuando decimos que el hombre "es" soledad, queremos decir *yo solo, y una sola vez*. Mi caso no se repite.

Existe, pues, en la constitución humana un algo inefable que me hace ser idéntico a mí mismo y diferente de todos; cuando todas las lámparas se apaguen y las puertas se cierren, permanecerá de pie, como estatua, mi identidad personal, un algo que nunca cambia y siempre permanece.

Cuando usted tenía cinco años le tomaron una fotografía; era todavía un capullo sin abrir. Ahora tiene, supongamos, cincuenta años, cargado de experiencia y arrugas. Usted compara su figura actual con la de aquel niño de cinco años, y exclama: "Parece mentira, no se puede creer, pero la verdad es que éste soy yo; yo soy éste".

Pasaron como meteoros las estaciones, mil veces navegó la luna por nuestros hemisferios pero la verdad es que de aquel niño de cinco años no sobrevive en mí ni una célula; cada una de ellas fue naciendo y muriendo en la vorágine vital, pero, ¡oh maravilla!, "yo soy aquel niño". Como se ve, mi identidad personal sobrevive a todas las mutaciones somáticas y psíquicas. Misterio sagrado.

Si, en un ejercicio introspectivo, vamos interiorizándonos como en círculos concéntricos, descendiendo hacia profundidades cada vez más silenciosas, llegamos a un punto final simple y totalizante, que enlaza y corona todos los vértices de mi universo: es la conciencia de mí mismo, el núcleo íntimo y último de mi ser. En este momento puedo pronunciar auténticamente el pronombre personal *yo*; y, al pronunciarlo, percibo que en la cumbre de este pronombre convergen todos mis componentes enlazados con el adjetivo posesivo: *mi* cabeza, *mis* manos, *mis* emociones, *mis* pensamientos... Todo eso soy yo.

SINGULARIDAD DEL CÓNYUGE

Y así llegamos a la conclusión que buscábamos: todo cónyuge es, ante todo, una realidad singular, un misterio; y este misterio es el manantial de donde emanan las obligaciones de respeto y libertad que se deben a todo cónyuge.

Esto explica también el hecho de que cada cónyuge sea una isla sagrada ungida de silencio, es decir, un ser incomunicable. Imaginemos una hipótesis: es un matrimonio que desde el alba hasta el crepúsculo ha convivido durante cincuenta años en plena armonía, con una política de puertas abiertas a su máximo nivel.

Aun así, cuando la muerte se haya detenido a sus puertas, cada cónyuge será sepultado siendo un desconocido en su última soledad, un archivo inédito a cuyas estancias más remotas nadie nunca se asomó, ni se asomará, ni siquiera el otro cónyuge. Misterio sagrado.

Aunque los dos esposos se incendien en el frenético torbellino de un amor apasionado, nunca sucederá que los *dos sean uno*, por muy bella y reiterada que sea esta expresión, porque el amor es unificante, pero no identificante.

Dicen los amadores que, en la marcha general de la experiencia erótica, el clímax más unificante es el momento en que los dos cuerpos y las dos almas se entregan al frenesí vertiginoso del placer en que se esfumó toda individualidad y tan sólo quedó reinante una única realidad en la que se fusionaron dos cuerpos en un cuerpo y dos almas en un alma. Pero esta descripción no deja de ser falaz; la verdad verdadera es otra: aun en el pináculo de semejante éxtasis, él es él, y ella es ella.

El ser humano es como una criatura que se balancea entre dos abismos: la necesidad de ser él mismo y la necesidad de ser *para* el otro. Esencialmente *mismidad* y esencialmente *relación*.

También en el matrimonio el otro cónyuge tiene que ser un yo diferenciado e inefable. Los demás no son, pues, un otro, sino un *tú*.

En mi relación con un *tú*, yo tengo que ser simultáneamente oposición e integración.

En una buena relación matrimonial tiene que haber primeramente una oposición, es decir, yo tengo que relacionarme siendo yo mismo.

El matrimonio es, pues, una integración de dos interioridades.

De otra manera habría absorción; lo que constituiría anulación del yo; en cuyo caso estaríamos ante un hecho patológico; es decir, una enfermedad por la que dos cónyuges se sienten subjetivamente felices, el uno dominando y el otro siendo dominado. En ambos casos queda anulada la individualidad.

Estamos afirmando desde el primer momento que todo cónyuge es, ante todo, *persona*. Pero ¿cómo llenar esta tinaja? ¿Qué exigencias concretas encierra esta afirmación?

Hay en el jardín una primera flor que reclama atención y cultivo: la individualidad. ¿Quién soy? ¿Cuál es el proyecto de mi vida? ¿Y cuáles son los compromisos que sostienen en alto ese proyecto? ¿Soy consecuente con esos compromisos y conmigo mismo? ¿Cuál es el sentido de mi vida? ¿Para qué estoy en este mundo?

Al hecho de ser *yo mismo* lo llamamos autenticidad; y la autenticidad es la coherencia vital entre el sentir, pensar, hablar y actuar. Si no existe esta coherencia, el hombre irá descendiendo por la pendiente de la ansiedad hasta acabar en la sima del desatino, sin saber adónde mirar o en qué dirección caminar.

Las tareas primordiales de la singularidad humana son: conocerse a sí mismo, confiar en sí mismo, ser sincero consigo mismo, aceptar y amar la propia estructura de personalidad, estimar y apreciar los carismas personales sin caer en el narcisismo, sentirse contento y feliz de ser como se es. En suma, hacerse amigo de sí mismo.

El aventurarse en un proyecto matrimonial sin haber solucionado las preguntas fundamentales de su singularidad, es internarse en una selva llena de riesgos. Así se explican tantos fracasos.

LIBERTAD

Es difícil descifrar y explicitar el significado de la palabra "libertad" en el contexto de la vida conyugal. ¿Qué significa sentirse libre en la convivencia matrimonial?

Todo lo que impide el crecimiento integral del cónyuge es un atentado contra la libertad. Allí donde no hay respeto, no hay libertad y, donde no hay libertad, estamos avasallando el núcleo más sagrado de la persona.

Donde no hay libertad, hay temor, y, a la sombra del temor, nacen y crecen todas las malezas de los complejos y traumas que irán asfixiando inexorablemente el proceso de la maduración humana.

La actitud que con más frecuencia atropella la libertad en el círculo conyugal recibe el nombre de *dominación*.

Pero esta dominación no siempre se ejerce con redoble de tambores ni con comportamientos compulsivos. No hablamos aquí de los que dominan con rudeza. Hay cónyuges que, actuando sutilmente, van llevando al otro cónyuge contra las cuerdas, no con el empuje del viento, sino en alas de la brisa.

El cónyuge víctima, para cuando toma conciencia de lo que está sucediendo, ya se le ve temeroso, disminuido y sin capacidad de reacción.

Así se comprenden ciertos casos que hemos conocido en la vida. A la vista de todos, el matrimonio funcionaba admirablemente. La pareja era un modelo de armonía y madurez.

Falleció el marido. Al cabo de un tiempo razonable, ¡oh sorpresa!, a la viuda se la ve como si por primera vez comenzara a vivir, revestida de una tamizada alegría, la alegría de quien saborea por fin la libertad de vivir.

Su viudez tiene aires de liberación. Señal evidente de que, a pesar de las apariencias, en el fondo de aquella relación matrimonial reinaba una velada dominación.

Hasta ahora –y, en cierto sentido, hoy todavía– hemos constituido una sociedad patriarcal, saturada de valores eminentemente masculinos. No es ningún secreto para nadie que, en esta sociedad, el patriarca indiscutido que manejaba los hilos del mando era el varón, inclusive en el sagrado recinto del hogar. A la esposa le correspondía una función secundaria: la crianza de los hijos y los quehaceres domésticos.

Este estado de cosas era aceptado sin resistencia, con aire de resignación. A nadie se le ocurría pensar que esta situación fuera abusiva o despótica. En este contexto vital y social, la libertad o autonomía de la esposa, es obvio que quedaba condicionada, por no decir deteriorada. Entre paréntesis, conviene aclarar cuanto antes que esta situación correlativa (dominación-sumisión) puede depender, en ocasiones, de los acondicionamientos temperamentales de ambos cónyuges.

El dominador trata de controlar al otro, no necesariamente de manera grosera. Lo somete a prueba. Imparte órdenes, no siempre autoritariamente. Va promoviendo –ignoramos si consciente o inconscientemente– complejos de inferioridad, o mejor, de inseguridad. Aduce razones, que no son razones sino pretextos, para mantener a la esposa en el círculo del hogar. Todo esto, sobre todo, en el largo proceso de la adaptación. Total, en el momento menos pensado, la esposa puede encontrarse resignada a una situación de sumisión y dependencia. Domesticada.

Como es obvio, no siempre ocurre así. No podemos universalizar. Por añadidura, y afortunadamente, la cultura moderna respira de otra manera. Uno de los grandes sueños de esta cultura es la reconquista y promoción de los derechos de la mujer. Pero aun así, nos asiste la convicción más firme en el sentido de que no debemos descuidar el marcaje insistente sobre el carácter sagrado e inalienable de ambos cónyuges por igual, de donde emanan el respeto, la libertad y el compromiso mutuos.

Un cónyuge dominador puede ir avasallando de tal manera las sucesivas parcelas de la libertad que al final, puede terminar siendo un *domador*, lo que constituiría el atentado más sacrílego contra el altar mayor de la persona: la singularidad.

El amor genuino siempre preserva la distancia entre uno mismo y el otro; más todavía: tiende a cultivarla. Y, en la medida en que la individualidad sube y se perfecciona, en esa misma proporción el amor entre los esposos adquiere consistencia y madurez.

Sólo los cónyuges psíquicamente libres pueden organizar unas relaciones conyugales sanas.

Los esposos no deben hacer del amor una cadena, sino un abrir espacios de libertad entre los dos, evitando a toda costa que amor se les convierta en simbiosis. Canten y dancen juntos, y sean plenamente felices, pero hagan posible que cada uno pueda estar solo. Y en muchos casos hasta sería conveniente, por la salud misma de la relación, que los esposos organizaran su vida con espacios de ausencia para consolidar la libertad y recuperar novedad y frescura.

Como ya insinuamos anteriormente, aquí debemos reiterar uno de los axiomas universales de las ciencias humanas, a saber: un matrimonio inmaduro es aquél en que un cónyuge se siente bien, dominando; y el otro se siente complacido, siendo dominado. Es una catástrofe para el proceso del crecimiento y de la maduración. No aman. Se aman en una dirección invertida: uno necesita admiración y poder, y el otro busca seguridad y apoyo afectivo. No hay amor sin búsqueda de sí: egoísmo camuflado.

Pero como el dominador es incapaz de brindar permanentemente seguridad y apoyo porque es en esencia egocéntrico, y el egoísta busca sólo sus intereses, paulatinamente se va decantando la relación matrimonial.

Cuando el dominador es el varón, necesita demostrar de alguna manera su fuerza, y ésta radica en el dinero, el éxito y el prestigio. Y si en estos rubros el viento sopla favorable y le sonríe el éxito, su ego se siente plenamente satisfecho, y las alternativas de la vida matrimonial le tienen sin cuidado, olvidando por completo su tarea fundamental, que es la de cultivar los valores conyugales. Y, por este camino, la más bella aventura de la vida puede acabar como una flor en el basurero.

Aunque parezca extraño, no rara vez nos encontramos con parejas en cuyo seno domina la mujer, aunque, eso sí, de una manera sutil. Esto sucede, sobre todo, cuando por azar coinciden dos temperamentos en los que ella está forjada con un carácter dominante y él, en cambio, dispone de una personalidad sumisa y dócil.

No obstante, he observado desde la alta cima de la vida que el predominio femenino no es, en general, dañino para la institución conyugal. Al contrario, frecuentemente una esposa de fuerte temperamento consigue modelar la pareja y la familia en una notable estabilidad y brillo.

A la dominación femenina se la podría designar con otra expresión: *competitividad*. Esto sucede, sobre todo, cuando la esposa luce una profesión universitaria, o dispone de una espléndida figura, o simplemente es una mujer brillante, elementos con los que puede jugar a la dominación, con difusa sutilidad, siempre en detrimento de una sana relación conyugal.

Los dos esposos son –supongamos– profesionales de carrera. La esposa ha subido vertiginosamente en el escalafón empresarial. Sus ganancias son sensiblemente más altas que las de su esposo. Ella necesitará una madurez sobresaliente y un permanente estar alerta sobre sí misma para no entrar en los intrincados juegos de poder. De otra manera la autoestima del otro puede reducirse a un montón de ruinas y una sombra puede amenazar el equilibrio de la relación.

Como se ve, hay en el matrimonio mil formas camufladas de poder, opresión y dominación, situaciones en que se desvanece el respeto, y la libertad es mortalmente herida. En estas circunstancias, uno de los cónyuges puede sentirse lastimado y débil y el equilibrio de poder puede saltar por los aires hecho pedazos. Y no olvidemos que toda debilidad psíquica es madre fecunda de rencor y de violencia.

En el observatorio de la vida he conocido también un terrible fenómeno humano: la dominación emergiendo de los complejos de inferioridad. Cuando un cónyuge –sobre todo cuando es varón– mira atrás en su vida y sólo divisa lámparas apagadas, tinajas vacías y ruinas esparcidas, emerge repentinamente la frustración como un torbellino de fuego, y la frustración deriva en violencia compensadora. Me explicaré.

Esta clase de personas se balancean entre dos abismos: su impulso narcisista y su carencia de carisma. Arrebatados por la presión narcisista, a veces machista, sin temer a las tormentas ni a las sombras, estas personas se metieron una y otra vez en empresas arriesgadas. Casi siempre fracasaron. Su autoestima la sumergió la marea en el fondo del mar y su narcisismo machista se hizo trizas como un vidrio roto.

Ante tanta desventura, estos tipos, no sabiendo a quién culpar o castigar, *se compensan* a sí mismos descargando su frustración violenta sobre la persona más importante que está a su lado. ¡Cuántos casos!

Por otro lado, cuando uno de los esposos arrastra consigo dosis importantes de inseguridad, fácilmente se convierte en presa inevitable de dominación. ¡Cuántas veces encontramos en la vida personalidades quebradas que, desde lejos, vienen cicatrizadas con traumas, vacíos y complejos! ¡Qué difícil organizar una relación sana y estable con estas personas! Pero si el otro cónyuge es inteligente y perspicaz, y procede con paciencia y amor, podría acabar por sanar cualquier "enfermedad" y asegurar la estabilidad emocional de la pareja.

Se me dirá que el matrimonio no es un consultorio psiquiátrico. Es verdad. Pero ¿qué hacer? Numerosas parejas – los dos o uno de ellos– pueden llegar al matrimonio con diferentes fallas psíquicas, terreno ideal para la incomprensión o falta de respeto. Pero repito que si uno de ellos es capaz de dar amor y comprensión gratuitamente, en este caso no hay en el mundo sanatorio más eficaz para estabilizar todos los desequilibrios como el matrimonio.

DEPENDENCIA

Cuando un cónyuge necesita ineludiblemente apoyarse todo el tiempo en el otro cónyuge, nos hallamos ante el fenómeno de la dependencia que, inequívocamente, denota ausencia de libertad. Dos personas se aman cuando son capaces de vivir la una sin la otra, pero han optado por vivir juntas.

Las típicas personas dependientes están siempre mendigando amor. En todo momento sienten que algo les falta. Son incapaces de estar solos. Eternamente insaciables, buscan y buscan apoyo, afecto y seguridad. Todo ello es señal de inmadurez, infantilismo.

Infante es aquel ser esencialmente *apoyado*: para andar, comer, vivir necesita del otro. Adulto, en cambio, es aquel esencialmente autosuficiente: se basta a sí mismo, no necesita apoyo de nadie para organizar la vida y la familia.

Por otra parte, la personalidad infantil es aquella que se siente plenamente realizada *tan sólo* con ser amada, como en el caso del niño. Por el contrario, personalidad adulta es aquella que se siente plena siendo amada y amando. Superadultos son aquellos que son capaces de amar sin ser amados.

La dependencia, es decir, la adhesión casi violenta al cónyuge, puede parecer, a primera vista, amor; pero no lo es. El hecho de no poder vivir lejos del cónyuge, la necesidad casi irremediable de estar apegado en todo momento al otro no es amor, es dependencia, un amor invertido, egoísmo camuflado, típico de una personalidad frágil e insegura que no ama sino que se busca a sí misma en el otro. La relación que se genere con esta clase de cónyuges no puede ser sana. Y es terreno abonado para los celos.

El verdadero amor sólo se da cuando los dos esposos salen del centro de sí mismos y se encuentran. Pero este encuentro no es un reposo calmado. Al contrario, es un perpetuo movimiento, un crecer y trabajar juntos sea en la armonía o el conflicto, sea en la alegría o en la tristeza. Comprometerse sin garantías, entregarse sin condiciones, ¡eso es amar!

RESPETO

Respetarse es la primera exigencia del amor. Lo primero que sabemos es que no sabemos nada del otro porque el tú (así como el yo también) –como hemos dicho– es un universo esencialmente inédito, y la actitud elemental ante lo desconocido es, cuando menos, la del silencio: no presuponer, no prejuzgar, no entrometerse con interpretaciones arbitrarias en el mundo del otro, que, como dijimos, es un desconocido en su misterio íntimo y último. Y del respeto nacerá, como veremos más tarde, la aceptación del otro tal como es.

El respeto no es temor. Respeto es la actitud para ver a la persona tal como es. Con otras palabras, respeto es la capacidad para tomar conciencia y aceptar con benevolencia la singularidad del cónyuge.

La unión en el matrimonio será sana en tanto y en cuanto cada cónyuge respete y preserve la integridad e individualidad del otro. Sin respeto de la persona amada, el amor puede degenerar en posesión o dominación.

Respetar es proceder con cautela y escrúpulo para no herir al otro, y para no invadir el santuario sagrado de las intenciones. Respetar es no pretender que el otro deba poseer una personalidad distinta, ni intentar que el otro se adapte a toda costa a mi modo de ser en todos los matices.

Respetar es ser sincero para con el otro; abrirle de par en par, y sin condiciones, las puertas de la atención y de la devoción; apoyarse el uno en el otro para crecer juntos, mejorar juntos y luchar por metas comunes, compartiendo sueños y responsabilidades.

DERECHOS

Hemos reiterado hasta la saciedad que el cónyuge es un misterio único e irrepetible, misterio que denominamos individualidad o singularidad. De esta fuente emanan los derechos sagrados e inalienables del cónyuge, que los vamos a enumerar a continuación.

El derecho de expresar sinceramente lo que cada cónyuge siente o piensa, y por consiguiente, de decir la verdad desnuda.

El derecho de que se le crea y se confíe tanto en sus palabras como en sus actuaciones.

El derecho de ser escuchado y comprendido cuando sobrevienen las emergencias imprevisibles durante la caminata conyugal.

El derecho de manifestar con libertad y sin inhibición sus necesidades y deseos, y de que se los tome con seriedad responsable.

El derecho de reconocer, sin necesidad de humillarse, las fragilidades y defectos de personalidad sin que por eso se le ponga en ridículo.

El derecho de ser perdonado.

El derecho de madurar a su propio ritmo que, eventualmente, puede ser diferente del ritmo del otro cónyuge.

El derecho de amar con su propia singularidad en cuanto al tono, modos, características, estructura psíquica, sexual...

CAPÍTULO II

AMOR

PALABRA MÁGICA Y EQUÍVOCA

Es obvio: la piedra angular sobre la que se edifica el matrimonio, es el amor.

Pero como el amor es el término más manipulado del diccionario, se lo ha revestido a lo largo de los siglos con las connotaciones más variadas y exóticas. Hay quienes lo han definido como emoción, energía, vibración, pasión, ideal...

Lo que se vive no se define.

Tiene mil significados, se viste de mil colores, confunde como un enigma, fascina como una sirena.

ALEGORÍAS

Permítame el lector divagar por un momento por los espacios de la alegoría y de la metáfora, porque quizá el medio más expedito para hablar del amor es el de la sugerencia y la evocación, dejando flotar en el aire un *no sé qué* que, sin entenderlo, se entiende.

Amar es franquear las fronteras que se levantan entre el sueño y la realidad.

Amar es comprobar cómo, ¡por fin!, cae desmayada la sombra de la soledad.

Amar es sorprender sueños imposibles en unos ojos, sueños que a la postre nos conducirán más allá de todas las sorpresas.

Amar es recorrer un desierto a lo largo de un día y, al atardecer, encontrarse bajo la arena con la llave dorada de los ensueños.

Amar es descubrir el secreto que guardan las semillas debajo de la nieve.

Amar es despertar una mañana y descifrar por primera vez la escritura que las golondrinas tejen con sus vuelos. Parece magia.

Aprender a vivir es aprender a amar, porque sólo quien ama, vive.

Si el sol se apagara, la tierra sería oscuridad absoluta. Si el amor expirara, el matrimonio, y la vida misma sería tedio absoluto.

Cuando el sol del amor brilla en los espacios conyugales, la vida es un milagro perpetuo, una rosa en la mano, una canción en los labios, una melodía caída de las estrellas, un prodigio de gracia y encantamiento general.

El amor no tiene razones ni da explicaciones. Entra en la casa sin previo aviso; y, sin pedir disculpas, rompe esquemas, quema viejos estandartes, reduce a cenizas venerados ideales, altera criterios, sacude estanterías y suelta al viento jerarquías de valores.

RADIOGRAFÍA

El amor es una energía que devora las distancias que se abren entre un ser humano y otro y los unifica, superando así el vacío afectivo y la soledad existencial.

A pesar de que, como hemos dicho, se abre una distancia infinita entre dos individuos, siempre será posible la maravilla de una *vida a dos*.

El amor auténtico se fija en la persona misma y no en su envoltorio.

Si se ama a una persona por su posición social o su apellido, es un amor adulterado.

Un amor que se originó al impulso de una anatomía espléndida o de una seductora mirada puede congelarse al primer golpe del cierzo. Era un sentimiento efímero.

El amor que nace motivado por factores exteriores es un egoísmo camuflado. Más aún, podemos asegurar que el verdadero amor no deja de tener su carácter irracional, esto es, no tiene razones para amar. El amor nace espontáneamente, sin un porqué.

Así como una joya no se estima por el precioso estuche que la contiene sino por su belleza intrínseca, así, en el verdadero amor, la persona es amada por ser quien es.

Cada ser humano posee capacidad ilimitada para amar, pero esta capacidad tiene características peculiares en cada persona: su propio ritmo, forma, momento... porque cada persona es única. Paciencia significa, ante todo, reconocer y aceptar estas peculiaridades.

Un cónyuge no puede exigir que el otro ame de esta manera, con tal intensidad, con tal ritmo, a la manera como lo hace él. Cada cónyuge es uno y único, y cada uno debe dar, sentir, amar y responder al amor de una manera única. Cada día matrimonial debería ser dulce jornada de descubrimiento de las peculiaridades del otro cónyuge en sus ritmos y modos de amar.

El amor, con harta frecuencia, se parece a un capricho. A menudo en sus juegos no entran la belleza, el talento o el mérito. Surge sorpresivamente en el lugar y momento menos pensado sin poder explicar los motivos.

Es tan extraña esta criatura del amor, que no se la puede ocultar en caso de existir, y, si no existe, es imposible fingirla.

El amor, blindado de paz, puede contra el poder, contra la razón, contra el honor; y es capaz de responder con dulzura a la amargura de las violencias, de los golpes y temores.

El amor nunca pide, siempre da. Una sola pena le embarga: no poder dar más. La señal inconfundible del amor no es la pasión ardiente sino la dedicación a base de pequeños pormenores diarios.

Amar es la capacidad de sentir preocupación, responsabilidad, respeto y comprensión hacia el otro cónyuge en las diferentes emergencias de cada jornada.

Dice el Talmud:

"El hierro es fuerte, pero el fuego lo derrite.
El fuego es fuerte, pero el agua lo apaga.
El hombre es fuerte, pero los temores lo deprimen.

El temor es fuerte, pero el sueño lo diluye. Sólo el amor sobrevive a todo".

INTIMIDAD

Como es obvio, el amor es un racimo explosivo que se dispara en mil direcciones: amor a la vida, amor a Dios, amor a sí mismo, amor al prójimo...

Pero en el caso presente, estamos hablando de aquel amor que une en matrimonio a un hombre y una mujer.

Este amor no es de convicción, sino de emoción.

Este amor, normalmente, no se busca, se encuentra; o mejor dicho, viene al encuentro. Brota espontáneamente y, con gran frecuencia, se hace presente de manera imprevisible.

No es fácil hablar de amor. No se puede generalizar. El amor es misterio y el misterio es inefable: se vive, pero no se define. Y si se definiera, existirían tantas definiciones como personas.

Dos interioridades que se salen de sí mismas y se proyectan mutuamente dan origen a la intimidad.

Yo me abro a ti y tú acoges mi apertura. Tú te abres a mí y yo acojo tu salida. De esta nuestra mutua convergencia nace una "hija" que es la intimidad. Y, ¿oh maravilla!, esa "hija", a su vez, se nos transforma en nuestra "madre", ya que esa intimidad viene a ser como un seno materno, como una atmósfera cálida, transida de confianza, ternura y seguridad que nos envuelve a ti y a mí, nos da a luz y nos engendra a la madurez y a la felicidad. Nació el amor.

Dos interioridades que se abren y se acogen mutuamente, ¡nació el amor!

Tú eres tú, pero estás conmigo. Yo soy yo, pero estoy contigo. Ninguno de los dos pierde su identidad.

AMOR APASIONADO

En el amor entre un hombre y una mujer, fundamento del matrimonio, existen elementos comunes.

Las canciones, las películas, las novelas llevan entre sus alas la noticia de un fenómeno humano que, por expresarlo de alguna manera, llamaremos *amor apasionado*. Es aquel amor en que la carga emocional o irracional es tan absorbente y totalizadora que la persona enamorada pierde todo sentido de proporción, toda medida de racionalidad.

Su atención y emoción están tan obsesivamente clavadas en la persona amada que llega a tener carácter de fijación obsesiva.

Todos los valores quedan desvalorizados ante la avalancha devastadora de ese amor que no hay manera de controlarlo; y, al impulso de ese amor, los enamorados son capaces de hacer disparates. La situación se parece un poco a la locura.

Este amor apasionado hace su aparición en los años explosivos de la juventud. Pero también puede asomarse, siempre inesperadamente, en los años dorados de la madurez, y sobre todo en la época resbaladiza de los cuarenta a los cincuenta, en que los ideales se los llevó el viento y las ilusiones se evaporaron, y en que, para reemplazarlos, se hicieron presentes el tedio y la apatía.

Así se comprenden tantos casos que hemos conocido en el camino de la vida. Ante los ojos de la sociedad era una pareja modelo. Durante largos años se los vio revestidos de un aura armoniosa. Eran la admiración y la envidia del vecindario.

Pero, inesperadamente, se hizo presente un nubarrón tormentoso que envolvió por los cuatro costados a la pareja y asfixió el idilio de tantos años. Uno de los cónyuges fue presa de uno de estos violentos amores, y todo rodó cuesta abajo: prestigio, familia, situación económica... El delirio de la pasión alcanzó tal altura que parecía que no le importara nada en este mundo, provocando tal escándalo social que la gente acababa diciendo: "Ha perdido la cabeza".

Al parecer, esta clase de amor apasionado es una situación de emergencia, como una enfermedad, en la línea de la obsesión.

Por eso mismo, el fuego de esta pasión no es perdurable, sino transitorio, de la misma manera que cualquier enfermedad es un estado pasajero en la vida humana. En caso contrario, si este apasionamiento se prolongara por años, inevitablemente arruinaría el equilibrio emocional hasta provocar crisis depresivas.

Debemos suponer que la mayoría de los amantes que contraen matrimonio lo hacen impulsados por este género de amor romántico, aunque no siempre en estos grados álgidos. En todo caso, este temple ardiente del amor que llevó al altar a los novios está destinado a enfriarse y desaparecer en el transcurso de los años.

De todas maneras, no se puede generalizar en un tema tan versátil.

En el origen del amor palpitan innumerables causalidades, una gama infinita de matices, una inmensa complejidad de motivaciones, implicaciones, dependencias, influencias de orden afectivo, psíquico, sexual..., tantos factores desconocidos que constituyen el misterioso entramado del amor.

Hay quienes se enamoran por unos ojos, por una determinada anatomía, por un rostro, una mirada, un timbre de voz, y, la mayoría de las veces, por un "no sé qué". En todo caso, aunque el punto de partida sean unos ojos o una figura, a la postre el enamoramiento alcanza y abarca toda la persona.

La belleza, es cierto, desempeña un papel importante en el origen del amor. No obstante, hay tantas personas que se enamoraron profundamente de criaturas físicamente poco agraciadas... No hay nada escrito.

SE NECESITAN, SE COMPLEMENTAN

Existe en el mundo una ley general que, en el origen del amor, tiene aplicaciones extraordinarias; se llama la *ley de los opuestos*. Y de esta ley nace la ley de la complementariedad.

Los opuestos se atraen. El caso más típico es el de la electricidad, en la que los polos positivos y negativos se cautivan, y, al producirse el contacto, salta la chispa.

La mujer tiene lo que no tiene el hombre; y, al contrario, el hombre dispone de condiciones que la mujer no posee. Por eso mismo se necesitan y se complementan: lo que es necesidad se constituye en atracción mutua.

A nivel simplemente psicológico, la mujer nace revestida de ciertas gracias y carismas en grados más elevados que el varón, por ejemplo la intuición, el instinto, la emoción, la capacidad de sacrificio... El hombre, en cambio, posee en mayor grado la capacidad analítica, la actitud reflexiva, cierta frialdad racional... Ambos con incompletos: se necesitan. Unidos, se complementan.

A la hora de constituir una pareja, con frecuencia una personalidad retraída busca, sin darse cuenta y sin premeditación, una personalidad expansiva. Un tipo de carácter dulce no rara vez se une en matrimonio con temperamentos rebosantes de energía. Y no es raro encontrarse con una personalidad sumamente creativa en pareja con un tipo de carácter receptivo. Siempre dentro de la ley de los opuestos.

Pero no siempre es así. Con frecuencia el amor rompe los esquemas y va tejiendo infinitas e inesperadas combinaciones, irrumpiendo, sin saber por qué, donde y cuando menos se piensa. Parece una lotería. No hay reglas.

AFINIDAD

Existe otro elemento común para conjugar una pareja: un elemento fácil de sentir, difícil de analizar, imposible de definir. Démosle un nombre: *afinidad*.

¿De qué se trata? De una especie de simpatía, una chispa misteriosa que brota, sin más, cuando dos personas se hacen mutuamente presentes, como si ambas estuviesen en unas mismas armónicas, como si las dos vibraran en un mismo tono, un mutuamente sentirse bien como si la una hubiera nacido para la otra. Una inclinación instintiva de la naturaleza. Es la afinidad.

Esta chispa divina ya existía antes de que estas dos personas se hicieran mutuamente presentes. Son fuerzas de relación. Nacen con uno. Vienen en la sangre. Se trata de fuerzas subjetivas de carácter racional y relacional que esconden sus raíces en el mundo inconsciente y que vienen insertas en la constitución genética.

No tienen lógica ni explicación racional. Generalmente estas fuerzas subjetivas quedan fuera del alcance del psicoanálisis, aunque es posible que, en ocasiones, entren en juego algunos elementos inconscientes de transferencia. Pero normalmente no son explicaciones históricas, sino genéticas. Es un parentesco psíquico que no se busca y su existencia no depende de la voluntad de las personas.

Estas explicaciones especulativas la gente las resume en expresiones populares: *Me cae bien* y no sé por qué. Éste no es *mi tipo*. Éste *me gusta*, aquélla me cae mal. ¿Qué es? La gente responde: Es un no sé qué. Es la mejor manera de definir la afinidad: *un no sé qué*.

Ese *no sé qué* por el que estos dos tipos han trabajado juntos durante tantos años... Siempre están peleando pero siempre juntos y siempre amigos, no se pueden separar; a todas partes van juntos. Hay divergencia de criterios por los que discuten pero hay, entre ellos, una indisimulada afinidad o empatía.

Ese *no sé qué* por el cual estos dos individuos han trabajado uno al lado del otro durante quince años. Nunca han reñido, pero nunca han sido amigos. Cuando salen del trabajo, jamás se les ve juntos. No hay afinidad.

Hay un tercer caso que denominamos *incompatibilidad de caracteres*. Estos dos sujetos desde el primer día que llegaron al trabajo "se cayeron" tan mal que desde el primer momento no hicieron otra cosa que combatirse como perro y gato. Los han tenido que separar. Había antiafinidad o antipatía instintiva.

Y ¿por qué salta la chispa de la simpatía precisamente entre este individuo y este sujeto, y por qué no entre aquellos otros? Repetimos: han coincidido fuerzas relacionales afines entre personas que estaban en un mismo tono de vibraciones psíquicas.

Hay parejas en que no hay belleza, ni atractivo físico alguno; sin embargo, se gustan mutuamente, se atraen, se sienten bien y son felices. Hay afinidad como fundamento fundante del amor.

Hay parejas en que parecen darse todas las condiciones para el amor: belleza deslumbradora, mil encantos de personalidad, y, sin embargo, no salta la chispa. No hay afinidad.

Finalmente, también hay parejas que, al parecer, están profundamente enamoradas, pero comienzan a vivir juntos y no pueden convivir: incompatibilidad de caracteres. No había afinidad, sino, al contrario, antiafinidad.

La observación de la vida me ha llevado a la siguiente convicción: aunque, en el transcurso de los años y por diversas explicaciones, el amor romántico se haya congelado en el matrimonio –lo cual es bastante normal– si ese casamiento estaba fundamentado en la ley de la afinidad, esa unión conyugal se mantendrá en pie elegantemente.

Éste es el caso de numerosos matrimonios, no sé si decir de una gran parte: el amor apasionado ya se desvaneció hace mucho tiempo; no obstante, hoy día lucen como parejas dignas, estables, alegres. ¿Por qué? Porque el amor estaba fundamentado en la roca de la afinidad.

AMOR Y SEXUALIDAD

En el matrimonio la sexualidad es parte importante e integrante del amor. Diríamos que ambas realidades están en alta fusión pero no en confusión. La sexualidad es posible sin el amor, y el amor podría existir y sobrevivir en el matrimonio sin la sexualidad.

Si la sexualidad es activada fuera de la órbita del amor, jamás llegará a la cúspide de la plenitud: siempre quedarán flotando en el aire restos de frustración.

Podríamos afirmar que es por el camino del amor por donde la sexualidad alcanza su belleza y expresión. Pero, a su vez, la sexualidad puede conducir al amor a la cima de la madurez y de la plenitud, pudiendo afirmarse que, de alguna manera, la cumbre más alta del amor conyugal es el encuentro sexual.

La sexualidad, sin el amor, es una simple satisfacción del instinto, tal como sucede, por lo demás, en el universo general del reino animal, un acto que no deja de ser mecanicista, sin belleza ni significado.

En la correcta dirección por donde avanza la naturaleza humana, primero hace su aparición el amor; y la sexualidad, al pasar por la órbita del amor, acaba por convertirse en un acto pleno de sentido y espiritualmente satisfactorio.

En la hipótesis de que el amor esté ausente en el matrimonio o se haya congelado, la sexualidad se convertirá en un problema insoluble. Sólo la presencia del amor puede ir generando las condiciones para que la sexualidad adquiera su sentido y alegría interior.

Cuando en la relación profunda de la pareja el amor se alza como llama viva y palpitante, entonces el estímulo sexual no tiene una función preponderante, sino que salta espontáneamente sin una previa programación.

El amor es capaz de solucionar todos los problemas sexuales porque el amor es creativo, y, para cada momento y cada emergencia, encuentra la iniciativa oportuna y acertada.

Habiendo amor, la sexualidad viene por sí sola y es bella. Pero si se da la sexualidad, ella sola, siempre faltará aquel sentido, aquella alegría y luz que da belleza al acto sexual. Sí; es el amor el que convierte la sexualidad en una función transfigurada con ribetes de sublimidad.

SOÑAR Y DESPERTAR

Cuando estalla el amor en la primavera de la vida, los amantes creen conocerse mutuamente, pero en la mayoría de los casos tan sólo se conocen por la superficie; y se comprometen en matrimonio sin conocerse realmente.

Por lo demás, casi siempre el ser humano es un desconocido incluso para sí mismo. Muchas personas son reservadas por instinto, y entreabren calculadamente las puertas interiores más para observar que para ser observados.

Más aún; en las primeras etapas del amor, muchos amantes idealizan a la persona amada: en realidad muchos novios no se enamoraron de la persona real sino de la imagen ideal.

Esta imagen es una mezcla sublimada de sueños inconscientes, evocaciones y fantasías de personajes de películas, proyecciones idealizadas de sus propios progenitores... Y esa imagen ideal la transfieren a la persona amada identificando, sin darse cuenta, la imagen con la persona.

¿Resultado? Una persona idealizada.

Es una peligrosa simbiosis; por ella los sueños encubren la realidad con espejismos engañosos, y la verdad de la persona amada se diluye a través del tamiz de una ensoñación.

De esta manera muchos amantes, en su enamoramiento, persiguen sueños imposibles. Parecen embelesados, viven en un mundo de encantamiento, no les interesa la realidad objetiva de la persona amada, no quieren despertar.

Si un familiar les advierte: "Abre los ojos; mira que adolece de tales y cuales defectos..." estos amantes embelesados responden ingenuamente: "Ya cambiará cuando nos casemos". Como el avestruz esconde la cabeza bajo las alas, estos amantes prefieren no salir de sus doradas fantasías, y seguir soñando despiertos.

Tiempo atrás habían quedado deslumbrados al contemplar aquella figura, aquellos ojos, aquel rostro. Se sintieron irresistiblemente fascinados por aquella espontaneidad, su risa fácil, la expresividad de su temperamento, su simpatía. Y todo esto con fijación obsesiva, a veces con ciertos aires de neurosis.

Por otra parte, en esta etapa de enamoramiento, algunos jóvenes se esfuerzan por encubrir su verdadera personalidad: con el propósito de cautivar, tratan de exhibir encantos artificiales, cualidades que en realidad no poseen.

Son *juegos de enamoramiento* que, en algunos casos, se deben a un baja autoestima del sujeto. Estos individuos razonan de esta manera: "Tal como soy, con tan pocas cualidades, ¿quién me va a querer?" Y recurren a estos artificios para seducir a la persona amada; con lo cual se desvirtúa la verdadera naturaleza de la persona.

Por otro lado, hay veces en que el amor es una ilusión carente de objetividad. Se sueña locamente. Se aspira a un matrimonio pletórico de prodigios. Se deja correr la fantasía;

se imaginan una existencia soñadora junto a un consorte re-vestido de carismas. Por otra parte, todo esto, ciertamente, no deja de tener sus ventajas, porque de otra manera, ¿quién se casaría, quién tendría hijos? Con razón afirma el pueblo que el amor es ciego.

Los jóvenes se casan. La convivencia, como la vida mis-ma, está surcada de curvas inesperadas y piedras en el cami-no. Y los nuevos esposos, en la intimidad del hogar, se en-cuentran por primera vez con aristas y rasgos negativos de personalidad, cosas que jamás se habrían imaginado el uno del otro.

La vida real se encarga, pues, de desvanecer los sue-ños; las fantasías se las lleva el viento y nos quedamos con la realidad descarnada entre las manos: la pareja ideal no existe.

Para muchas jóvenes parejas este despertar resulta cruel, aunque necesario y benéfico, como dice A. Machado:

> *Tras el vivir y soñar,*
> *está lo que más importa:*
> *despertar.*

Así pues, a partir de los primeros desencuentros, de los prime-ros gritos y reacciones nerviosas, las nuevas parejas comien-zan a manifestarse tal como son, y por primera vez comienzan a conocerse de verdad.

La mayoría de las parejas pasan por esta etapa de des-cubrimiento mutuo, y este paso del sueño a la realidad, que llamamos *despertar*, es de suma importancia.

Los cónyuges ya se conocían en los acondicionamientos positivos de personalidad, porque lo hermoso siempre está a la vista. Pero los rasgos negativos, que en ninguna persona faltan, se disfrazan a veces calculadamente, otras veces instin-tivamente. Pero en el trato permanente en la interioridad del hogar, a partir de los altibajos en los estados de ánimo y de otras vicisitudes emergentes, hacen su aparición los rasgos de irascibilidad, rencor, impaciencia, aspectos que hasta ahora aparecían encubiertos. Pero al quedar al descubierto los lados negativos, emerge la personalidad en su cruda realidad.

Ante tan inesperado descubrimiento, la primera reacción de las parejas jóvenes suele ser la de dejarse invadir por la desilusión, exclamando: "Si hubiera sabido que era así...". Es un momento delicadísimo. La ilusión puede fragmentarse en mil pedazos. Los individuos de frágil personalidad de inmediato comienzan a pensar en la separación.

ACEPTAR

Afortunadamente, no es éste el caso de la mayoría que, consciente e inconscientemente, se ven envueltos en el inevitable proceso de adaptación.

Lo difícil y necesario es poder abrir primeramente los ojos, y, sin sobresaltos, reconocer los lados oscuros del cónyuge, ponderando que, si tiene sombras, sus cualidades positivas sobresalen y resplandecen ampliamente sobre el conjunto de su personalidad.

En segundo lugar aceptar al cónyuge en su integridad y volver a comprometerse; es decir, más allá de los primeros y sorprendentes sustos, poder afirmar y confirmar la decisión de seguir adelante el uno junto al otro, pudiendo declararse mutuamente: "aun cuando antes de casarnos, yo hubiese estado al tanto de tus puntos débiles, igualmente te habría elegido para compartir mi vida: gocemos juntos a través de todas las estaciones, tu fragancia será mi aliento porque en ti está mi alegría; guardemos el vino nuevo del amor en vasos eternos".

Mientras la luna solitaria navega por el mar de los hemisferios australes, una sabiduría, la del sentido común, debe dirigir los pasos de los jóvenes esposos sobre la realidad fría y desnuda: que nadie es perfecto; que todos tenemos zonas oscuras y bellas cualidades; que es locura darse de cabeza contra los muros de los imposibles.

Aceptar con paz que el hombre desea mucho y puede poco; que se esfuerza por agradar y no lo consigue; que es esencialmente desvalido; que nacimos para morir; que nuestra compañía es la soledad y que nuestra libertad está severamente deteriorada; que con grandes esfuerzos conseguiremos pequeños resultados; que estamos abocados a la muerte como el día está abocado a la noche; que la existencia no me la propusieron, me la impusieron.

Aceptar al cónyuge no como a mí me gustaría que fuera, sino tal como es; que él no tiene culpa ni mérito de ser como es; que él no eligió su temperamento ni su estructura de personalidad; que si esa reacción, aquella salida, esa actitud me hacen sufrir a mí, más le hacen sufrir a él mismo; que si hay alguien en este mundo que se esfuerza y combate por no ser así, ese alguien no soy yo, es él mismo; y que si, haciendo todo lo posible por cambiar, no lo consigue, ¿tendrá tanta culpa como le atribuyo?

Las reacciones de su complejo temperamento, de su extraño carácter que a mí tanto me irritan, más le irritan a él y le disgustan. ¡Cómo le gustaría ser suave como la brisa, pero nació agitado como la tormenta!

¡Cómo le hubiese gustado haber sido coronado con una guirnalda de toda clase de encantos, pero nació tan desabrido!

Le gustaría ser alegre como una mañana de luz, pero en cualquier momento la melancolía se asoma a su rostro como una sombra oscura.

Abordaremos más a fondo el misterio de la limitación humana cuando tratemos de la comprensión.

Frente al misterio doloroso del cónyuge, los grandes interrogantes levantan su cabeza con altivez: ¿Quién tiene la culpa? ¿Qué sentido tiene irritarse contra un modo de ser que él no escogió? ¿Será que merece rechazo o simplemente comprensión?

Es verdad que tiene perfiles oscuros en su personalidad, pero, en contraste, qué cargamento de perlas y diamantes, qué estupendos rasgos de generosidad, idealismo y bondad. En lugar de pasar el día recordando y rumiando aquella palabra amarga que un día me soltó, ¿por qué no pasar los días y las horas recordando sus bellas cualidades, los mil detalles de conmovedora delicadeza que tuvo conmigo durante su larga historia de amor?

Si yo, deseándolo vivamente, no puedo agregar un centímetro a mi estatura, cuánto menos podré agregar un centímetro a la estatura del cónyuge.

Se impone la conclusión: Aceptar al cónyuge tal como es.

GUSTAR, ¿ES AMAR?

Dicen los amadores: "Me encanta su voz"; "me cautiva su sonrisa"; "me fascina su figura".

Pero eso no es amor. El amor se extiende y abarca la integridad de la persona.

Muchos identifican amar con gustar, pero nada tiene que ver lo uno con lo otro. No todo lo que se gusta es amor. Dicen: me gusta su cintura, el ritmo de su andar, la modulación de su voz. Puede nacer el amor sin que lo cautive ninguna zona anatómica concreta, ninguna parcialidad determinada de personalidad.

El amor nace de un momento en que el ser humano se olvida de sí; es deslumbrado, "sacado" de sí mismo y cautivado por otro *todo*. Crece con deseos de darse y se consuma en el olvido total de un gozo recíproco.

De otra manera, los aspectos que "me gustan" pueden desvanecerse al primer golpe de viento otoñal. Muchos amantes, seducidos por efímeros atavíos, se constituyen en pareja. No es de extrañar que tantos compromisos conyugales acaben a la postre en flores de un día.

La profundidad del amor se mide por las pequeñas alegrías que se dan los cónyuges y también por las pequeñas heridas que reciben, pero no heridas que provienen de los oscuros manantiales del egoísmo, sino de aquellos otros que son necesarios para los procesos de adaptación e integración.

En el verdadero amor se ocultan fuerzas singulares para resolver las contrariedades de la vida y para no detenerse en la marcha ascendente de la búsqueda de la perfecta alegría.

Los amantes usan un idioma desconocido para los que no aman: una mirada, un suspiro, un momento de silencio, actitudes que expresan más que todas las palabras del lenguaje humano.

La Biblia nos conserva unas palabras conmovedoras de una mujer extranjera, la moabita Ruth, palabras de amor que reflejan un compromiso integral de alta fidelidad:

No me pidas que te deje
y que me separe de ti.
A donde tú vayas, iré yo
y donde vivas, yo viviré.
Tu gente será mi gente
y tu Dios será mi Dios.

La tierra que, muerto,
te reciba en su seno
será la tierra donde yo muera
y donde se abrirá mi sepultura.

Que el Señor así me lo otorgue
y escuche mis votos;
que sólo la muerte me separe de ti.

(Rut 1, 16-18)

EL CÓNYUGE IDEAL

A lo largo de las páginas de este libro, siempre que utilizamos la palabra cónyuge le damos un significado neutro: puede aplicarse indistintamente tanto al esposo como a la esposa.

El cónyuge ideal será aquel que se sienta tan seguro de sí mismo que jamás me considere su rival sino que, al contrario, vivamos los dos para siempre como compañeros leales para una causa común.

Un cónyuge que establezca un tal espacio de libertad, que todo lo que diga sea pura transparencia, de tal manera que yo no sienta temor de manifestarle todo lo que siento en mi interior porque sé que no se ofenderá.

Un cónyuge que sea capaz de remover las piedras del camino y que los dos juntos seamos capaces de caminar bajo el sol con la misma alegría que los niños cuando levantan castillos de arena en la playa.

Un cónyuge que sepa que el placer del encuentro sexual es la canción de la libertad como cuando nuestras alas se extienden al sol. Nosotros sabemos que ninguna marea borrará las huellas de nuestros pies, porque un día venturoso nos encontramos en un mismo sueño.

El cónyuge ideal será aquel que tenga conciencia de mi fortaleza y debilidad sin que nunca se le ocurra aprovecharse de ellas. Sus brazos sean refugio para mis momentos de zozobra; y sea mi fortaleza trinchera abierta para sus combates.

Un cónyuge que sabe que no se pueden atrapar las tormentas con una red, y que seremos libres cuando nuestros días y nuestras noches estén exentos de turbación, pues aquel día nosotros seremos como una torre levantada sobre la cima de un alto cerro.

Un cónyuge que sepa respetar y reconocer mis carismas personales y mis cuadros de valores, para, sobre ellos, edificar, juntos, un sueño antiguo.

El cónyuge ideal es aquel que no teme entrar en el recinto de la ternura, no siente rubor de confesarse débil, ni se avergüenza de solicitar mi estímulo para la lucha de cada día.

Un cónyuge que no interpreta el amor como debilidad; que, porque me ama, piense que yo soy el vencedor, o, al contrario, por el hecho de amarlo yo, él se sienta superior.

Un cónyuge que sea para mí un manto de protección frente a las asechanzas del exterior, pero también que me proteja de mí mismo.

Un cónyuge que sabe de mis errores y los acepta sin recriminación, y camina a mi lado para corregirlos.

Un cónyuge que sabe que el amor siempre cantará sin necesidad de dar explicaciones.

Un cónyuge que cada amanecer alimenta el amor con un nuevo panal de miel; y que, antes de que salga el sol, se dirige al jardín interior para cortar un clavel cubierto de rocío, y me lo ofrece sin palabras.

El cónyuge ideal es aquel que sabe que nuestro matrimonio es como un mar dilatado y que nosotros dos somos navegantes que todos los días salimos a alta mar para descubrir nuevos mundos en aguas desconocidas.

Un cónyuge que sabe que la realidad del otro no está en lo que revela sino en lo que no se puede revelar.

Un cónyuge que sabe y acepta que, para descubrir la verdad, se necesitan dos personas: una para decirla y otra para escucharla.

Un cónyuge que sabe que cuando damos la espalda al sol (del otro cónyuge) sólo vemos sombras.

El cónyuge ideal es aquel ser capaz de vibrar, como las cuerdas de un laúd, ante la belleza y el éxtasis de la vida, porque la vida es así: se puede silenciar la cítara aflojando las cuerdas, pero ¿quién podrá silenciar a las alondras del cielo?

Un cónyuge que tenga los ojos abiertos al misterio general de la vida aceptando con igual serenidad el dolor y la alegría, sin asustarse de la marcha zigzagueante del ánimo humano.

Un cónyuge que, sentado a la sombra de una fortaleza, se mantenga inmutable ante las adversidades, sin dejarse abatir por los fracasos, transformando los contratiempos en estímulos, e irguiéndose una y otra vez sobre las cenizas del orgullo.

Un cónyuge, en fin, capaz de responder con todo el peso de la dulzura cuando de improviso surge el gesto amargo, que jamás resbala por la pendiente de la ironía o de la ofensa, y que cada día amanece regalando una aurora, sin permitir jamás que las cadenas se enrollen a la cintura de la libertad.

Y así, mientras las estrellas duermen silenciosas en la oscuridad de la noche, nosotros vamos navegando hacia aquella lejana playa que siempre soñamos.

CAPÍTULO III

ALTERNATIVAS DEL AMOR

ESCUELA DE AMOR

En el gran teatro de la vida nos topamos con una inmensa variedad de situaciones conyugales. Hay quienes formaron pareja movidos por sutiles intereses; otros llegaron al altar en alas de consideraciones sociales, pero normalmente es el amor el imán que atrae y consolida una pareja.

Pero el largo caminar por la vida hizo madurar en mí una firme convicción: la mayoría de los que se comprometen en matrimonio lo hacen con una gran ilusión que no es propiamente amor, un amor sólido.

¿Qué es entonces? Un germen, un embrión de amor que tiene que crecer y madurar en el matrimonio durante el transcurso del tiempo. Del momento, esa ilusión no es sino un torbellino de pasión y alegría, canciones y pájaros. Como una piedra del torrente que, de tanto rodar, adquirió la forma pulida y redonda, así el amor, rodando por la corriente de sorpresas, sustos y altibajos, irá adquiriendo, lenta y evolutivamente, la forma y madurez de las realidades sólidas. Todo esto, en la escuela del amor, que es la convivencia conyugal.

Hemos mencionado anteriormente la historia de una chispa misteriosa que brotó espontáneamente entre un hombre y una mujer, y la denominamos afinidad. Pero esa chispa tampoco es amor todavía. Es una simple semilla que, al amparo del sol y la lluvia, irá escalando los espacios hasta la estatura de un árbol frondoso. La savia irá derramándose por sus ramas hasta que llegue el otoño con su carga de frutos dorados.

Pero antes de llegar a la cosecha colmada, la vida tiene que atravesar todas las estaciones con sus brisas y tormentas, venciendo la arrogancia de los fuertes, el rencor de los resentidos y el orgullo de los prepotentes.

Con otras palabras: aquel embrión de amor tendrá que ser sometido a un proceso de profundización y maduración en la escuela del amor que es el matrimonio, donde la chispa irá transformándose en una llama durante una convivencia plena de momentos venturosos o de vicisitudes adversas. Y, como lo hemos adelantado desde el primer momento, el quehacer fundamental de la vida conyugal consiste en mantener alta y viva la llama del amor.

Pero el amor, en el matrimonio, en lugar de ir desplegándose en un movimiento de expansión, puede ir replegándose en un movimiento de involución. Los amores que se congelaron a los pocos años de casarse, no significa que hubiesen sido espurios o de mala ley sino que los esposos no acertaron a cultivarlos con el esmero con que se cultiva una tierna planta. No los cuidaron con la atención que se da a una delicada criatura, porque al fin eso es efectivamente el amor: una frágil criatura.

Ya conocemos el lenguaje del amor: desde el principio del mundo esta mágica palabra ha tejido todos los poemas y canciones sobre un único pentagrama: *amor eterno.* Infinitas promesas y juramentos de amor eterno surcaron los aires como veloces golondrinas a lo largo de siglos y milenios.

Más todavía; palpita en las entrañas misteriosas del amor un algo esencial e intrínseco por el que toda persona verdaderamente enamorada no puede menos que desear ardientemente que, aquello que siente, dure para siempre.

Las palabras con que se expresan los enamorados no son hipérboles o exaltación exagerada. En ese estado emocional, sin necesidad de acudir a juramentos, experimentan un afecto tan conmovido y gratificante que anhelan apasionadamente que aquello perdure eternamente.

Los verdaderamente enamorados se casan con la intención y el deseo de que el compromiso matrimonial dure hasta que la muerte los separe. Es algo que va en la naturaleza misma del amor.

Pero aun así, no hay que olvidar que el amor es un sentimiento, y como tal, no deja de tener su carácter de fugacidad. La condición de solidez y estabilidad se la tiene que agregar el matrimonio. Los odios se apagan, los sentimientos se enfrían, los tumultos de la historia se olvidan. En fin, los sentimientos humanos son estrellas fugaces.

Así pues, el amor está sujeto al asedio pertinaz del paso del tiempo. Ese tiempo que, así como sana las heridas, enfría también los fervores. La rutina va congelando las emociones; y el amor, igual que el vestido, se va desgastando con el uso de cada día.

Entonces, ¿qué? ¿El amor estará irremediablemente destinado a enfriarse y morir? Ciertamente que no. Si así fuera, la humanidad estaría edificada sobre falaces utopías que la conducirían al precipicio.

EGOÍSMO

En el camino que estamos recorriendo para construir un sólido matrimonio, por primera vez nos va a salir al encuentro, no digo el enemigo principal del amor, sino el enemigo único que, disfrazado de diferentes ornatos, se constituye en la negación misma del amor. Es el egoísmo.

Este enemigo multiforme, mil veces se nos va a presentar sutil o abiertamente, a lo largo del camino, casi siempre enmascarado, frecuentemente desfigurado con el manto del altruismo; siempre reclamando toda clase de derechos, exigiendo comprensión y enarbolando palabras solemnes como autorrealización, personalización; lo sorprenderemos en cualquier momento con explicaciones que no son aclaraciones sino racionalizaciones.

Varias veces sale a la luz en este libro la palabra "racionalización". Una cosa es razonar y otra racionalizar. Racionalizar consiste en aducir razones para defender una causa o una postura; pero en realidad no se trata de razones verdaderas sino de pretextos, excusas, disculpas para quedar bien, encubrir intenciones, justificar una conducta. En el fondo se trata de razones aparentes o falsas.

Lo que quiere decir que cuando frecuentemente pronunciamos el término amor, en el fondo se trata de un egoísmo disfrazado. Ésta es la razón por la que hemos denunciado desde el primer momento el carácter terriblemente equívoco de la palabra "amor".

En cualquier momento tendremos que levantar en alto la antorcha de la autocrítica para descubrir su presencia, disfrazada en las motivaciones últimas que dan origen a nuestro comportamiento. Así pues, desde este momento nos ponemos de pie para declarar la guerra a muerte al egoísmo, desenmascarándolo dondequiera que esté, para salvaguardar la pureza del amor y la estabilidad matrimonial.

Pero aquí cabe hacer una pregunta: ¿los sentimientos, por su naturaleza intrínseca tienden efectivamente a evaporarse o subyacen otros mecanismos que precipitan este decantamiento? Es indiscutible y está a la vista que el paso del tiempo tiende a enfriar los fuegos humanos, salvo el caso en que alimentamos el fuego con permanente combustible.

Esto último es aplicable al caso del amor. Antes de casarse, los amantes tenían que conquistarse. Y como el amor es ingenioso tiene una inagotable creatividad, los enamoradas pusieron en juego un sinfín de iniciativas: regalos inesperados, mil tarjetas en alas del viento, cascadas de promesas, racimos de poemas, visitas sorpresivas, llamadas telefónicas... Las lenguas de fuego tocaban el cielo.

Pero... ¿y ahora? Ahora ya estamos casados, ya alcanzamos la meta, ya obtuvimos lo que queríamos; ¿para qué esforzarnos? El egoísmo renuncia al esfuerzo de proporcionar combustible al fuego, se despreocupa de cultivar la planta y abandona la alimentación de la llama viva.

Pero como lo conquistado no es un botín de guerra custodiado en cofres cerrados sino una llama al viento, si dejamos de proveer aceite a la lámpara, el fuego languidece y se apaga. El egoísmo capitula en el esfuerzo por cultivar la planta y ésta entra en estado de hibernación. Y muerto el amor, ¿qué sentido tiene el matrimonio?

Por todo ello, la obsesión nuclear de este libro es: ¿cómo conseguir mantener alta y viva la llama del amor? Aquí está el secreto de un matrimonio coronado por el éxito.

DESENCANTO

Cuando en el mar de la vida deja de utilizarse el sistema muscular, entonces los músculos pierden vigor y elasticidad. No mueren pero se atrofian, y la atrofia es la antesala de la muerte.

Y aquí entramos en un fatal círculo vicioso: en la medida en que los músculos pierden vigor, el organismo pierde ímpetu y voluntad para ejercitarse con movimientos enérgicos, con lo cual el vigor muscular entra en un peligroso receso. Y así, por el camino de la anemia y la atrofia ingresamos en el reino de la muerte.

La inmovilidad es signo de muerte y causa de muerte. Si la vida deja de ser movimiento, deja de ser vida: los tejidos interiores del organismo se endurecen y son dominaos por la esclerosis y la rigidez.

Si el amor deja de ser movimiento, deja de ser amor. También el amor puede atrofiarse.

Pongamos unos ejemplos: Si yo tengo este brazo en completa inmovilidad durante un año, a los pocos meses comienza la dificultad de la irrigación sanguínea, los tejidos interiores se endurecen, y desde la punta de los dedos comienza a subir la muerte, y, al cabo de algunos meses, este brazo no es un miembro vivo sino un palo seco. ¿Quién lo mató? Nadie; dejó de ser movimiento, dejó de ser vida.

Si nos proponemos apagar una llama, no necesitamos llamar a los bomberos con grandes chorros de agua. Basta dejar de proporcionarle combustible, y la llama por sí misma irá desvaneciéndose hasta apagarse por completo.

Para destrozar una planta no necesitamos un hacha de acero y despedazarla con un par de hachazos, no. Es suficiente con que dejen de suministrarle agua, y la planta, por sí misma, irá marchitándose, descendiendo por la pendiente de la extinción hasta expirar por completo.

Para aniquilar el amor no se necesitan gritos histéricos en el recinto sagrado del tálamo, aventuras amorosas a la luz de las estrellas o explosiones nerviosas con graves afrentas. Basta descuidar la atención del amor; basta descuidar el cuidado del amor. Basta dejar de atizar las brasas o de regar la planta, y, sin necesidad de atentados, el amor se desvanecerá en el corazón de los esposos.

Así como una llama puede estar lánguida o vibrante según la cantidad de combustible de que se disponga, de semejante manera el amor puede estar ardiente o mortecino según el grado de cuidado o descuido.

Y así, sin darnos cuenta, ingresamos otra vez en una nueva rueda voltaria, a saber: cuando en un matrimonio vuelan las aves, brillan las luces, corre la sangre y explosiona la primavera, entonces el amor pone en juego todas las iniciativas para atizar las brasas. En la medida en que se atizan las brasas el amor sube a la altura de un incendio. Cuanto más fuerte y alto es el amor, más crecen los deseos de cuidarlo y alimentarlo. Vibra la ilusión.

Y al contrario: cuanto menos cuidado recibe el amor, éste languidece y se desvanece. Cuanto menos amor, menos ganas de cuidarlo. Cuanto menos cuidado, el amor emprende el camino del desencanto.

No es un amor muerto, pero sí un amor congelado, desencantado.

¡Cuántos matrimonios desencantados! Ello no significa que vivan en un conflicto insostenible.

Simplemente están desencantados.

Descuidaron, abandonaron el cultivo del amor a la manera como se cultiva una tierna planta.

Con otras palabras: el que poco ama, tiene pocas ganas de aportar manifestaciones de afecto. Cuantos menos detalles de afecto, menos amor. Cuanto menos amor, menos deseos de manifestarse afectivamente para con el cónyuge. Y por este círculo mortal y fatal avanzamos precipitadamente hacia el páramo del desencanto.

Y al contrario: en la medida en que se utilizan detalles y delicadezas en la relación mutua, la llama del amor adquiere estatura y vivacidad. Cuanto más vigoroso es el amor, a los esposos les nacen mayores deseos de multiplicar las manifestaciones afectivas que, a su vez, les prestarán al amor nuevas alas para volar cada día más alto. Y así hemos entrado en el círculo de la vida.

El amor es vida y la vida es movimiento. El amor entre los esposos es un movimiento de energías emocionales que circulan entre dos polos.

Si la vida deja de ser movimiento, deja de ser vida. Si el amor deja de ser movimiento, deja de ser amor.

En la práctica, ¿qué hacemos? Entrar y comprometernos en el gran capítulo de los *pequeños detalles*, que más tarde estudiaremos a fondo.

Tomar conciencia de los respectivos gustos, aficiones y preferencias en los niveles culturales, en los usos y costumbres alimenticios, en los estilos y modas...

En el día menos pensado presentarse con su casete favorito, con el libro más deseado por el cónyuge, enviarle desde el extranjero abundantes tarjetas, celebrar todas las fechas importantes y emblemáticas de la historia del amor...

Tomar conciencia de las mutuas divergencias de criterios de vida, jerarquías de valores, reacciones temperamentales para evitar discusiones inútiles, para saber callar, para saber ceder en el momento oportuno a fin de que las diferencias no se transformen en confrontación, y esto recíprocamente.

Son pequeños bocados. Trozos de leña para el fuego, a fin de que la llama del amor se mantenga encendida en el hogar, estancia en que ningún anhelo quedará insatisfecho. Como se ve, la construcción de la felicidad es como un lago de innumerables círculos, una empresa en que entran en juego millares de pequeños detalles en el transcurso de los años.

LOS FUGITIVOS HACIA FUERA

Ya lo dijimos: el enemigo emblemático que ya ocupó la plaza mayor es el egoísmo, el cual se convierte también en el enemigo cardinal del matrimonio; y una de sus típicas manifestaciones es la fuga.

Un peligro solapado acecha en todo momento a la pareja conyugal: la superficialidad, la tentación de vivir en la superficie. Será difícil una vinculación verdadera entre los esposos si uno de ellos, o los dos, no viven a fondo su propia identidad. Los enemigos de la interioridad son la dispersión, la diversión y la distracción. Y estas tres palabras se identifican con una sola: evasión o fuga.

Es más fácil y agradable vivir hacia fuera que hacia dentro. Más agradable es la dispersión que la concentración. Y los esposos, con frecuencia, son fugitivos de sí mismos. Y, para evadirse de su propio misterio y de su tarea fundamental, que es la de cultivar el amor, optan por dedicarse a buscar refugios. Y los refugios, ya lo sabemos, son múltiples: éxito económico, realización profesional, compromisos políticos, vida social, aventuras amorosas... En cualquiera de esos rubros, los esposos ponen toda su alma y toda su pasión, relegando al olvido la obligación primordial que es la de cultivar los valores de la vida conyugal y mantener encendido en el hogar el fuego del amor. De otra manera pronto llegará el divorcio del corazón.

Los fugitivos no aman; se aman a sí mismos. Porque no aman, son fugitivos porque se buscan sólo a sí mismos, preocupados obsesivamente por el prestigio personal, la satisfacción de su vanidad y el orgullo de la vida. El fugitivo es individualista, superficial, egoísta.

Buscando claridad, necesitamos diferenciar claramente la *persona del personaje.*

Persona es un individuo que tiene una figura, medidas anatómicas, estructura temperamental, impulsos... Todo este conjunto, compenetrado por una conciencia, constituye un individuo, al cual, después, le agregamos elementos diferenciadores como son el nombre y los apellidos.

Personaje es ese mismo individuo en cuanto la sociedad lo reviste de una imagen. O, si se quiere, en sentido inverso: ese individuo proyecta una imagen determinada ante la opinión pública, que llamamos imagen social o personaje.

A la mayoría de las parejas no le interesa "lo que somos" sino "cómo nos ven"; no la realidad sino la imagen; no la persona sino el personaje. Son superficiales porque sólo buscan los valores de la superficie; son arquitectos de mundos artificiales.

Y así, se lanzan a competir en la carrera de las apariencias, en el juego pirotécnico de quién causa mejor impresión en las fiestas sociales, mansiones deslumbrantes, autos espléndidos... Y en esto ponen su esfuerzo, en una existencia artificial y vacía, lejos del meridiano de la felicidad. No aman. Se aman. El amor huyó en alas del viento por rumbos desvanecidos.

FUGITIVOS HACIA DENTRO

A los que huyen hacia dentro los llamamos solitarios.

El amor, en su última esencia, se reduce al juego de abrirse y acogerse; dicho de otra manera: comunicar y acoger. Y donde los solitarios fallan absolutamente es en la comunicación, que no necesariamente significa hablar mucho o poco, pues no rara vez los que mucho hablan, poco comunican.

¿A qué se debe esta fuga hacia dentro? En primer lugar, a la falta de confianza. Ella, la confianza, ha sido zarandeada una y otra vez como una hoja seca al viento. Un día hablé a un arroyo acerca del mar y el arroyo me trató de exagerado; otro día hable al mar acerca del arroyo y el mar me calificó de difamador. No había manera de entendernos. Y la confianza, asustada como una paloma, emprendió la fuga hacia mundos desconocidos.

En segundo lugar, esta fuga hacia dentro se explica como una reacción resentida de aquellos que son tratados de forma injusta, con abuso de poder y arbitrariamente. En estos casos, el cónyuge emprende el viaje hacia las regiones interiores buscando un refugio de seguridad o de falsa seguridad. Cuando estos cónyuges perciben que ya no son estimados como antes, se encierran en sí mismos en una actitud arrogante de autoafirmación.

Cuado se produce una situación de esta naturaleza, se bloquea cualquier diálogo, no de palabras, sino de interioridades, y por ese camino se llega al divorcio del corazón. Prosigue la conversación pero las palabras ya no vienen de dentro ni reflejan mundos interiores que ya están clausurados. Desastres del egoísmo.

Cuando uno de los cónyuges se da cuenta de que ya no es amado como en los primeros tiempos, o que ha sido traicionado, sean en forma comprobada o como un rumor, este sujeto cae en un estado de humillada indignación y, revestido de un manto de resentimiento, toma la vía que conduce hacia los escondites interiores. La confianza se inhibe. Los cónyuges están juntos pero distantes; mejor dicho, juntos pero ausentes; divorciados en los corazones con vestigios de rencor e ímpetus de venganza. Todas las puertas de la intimidad están cerradas. Problemas de perdón.

La ansiedad es la enfermedad típica de los solitarios, enfermedad que nace y vive entre la tristeza y el rencor, entre el vacío y la violencia.

Y, aunque la ansiedad no es agitada y compulsiva, el solitario puede sentir, por momentos, ganas de morir, porque siente que ya le falta sentido a su vida; ya no sabe para qué está en este mundo.

Esta situación no suele darse en los primeros años, en que, de cualquier manera, permanecen vislumbres de la antigua ilusión y la llegada de los hijos llenó de perfume la casa, sino más tarde, cuando los hijos son adultos y parece haberse completado la razón de ser de una vida.

RUTINA

La muerte navega en la propia embarcación.

Cualquier embestida contra el amor es un atentado contra el matrimonio. Centremos ahora nuestra atención en un fenómeno impalpable que, imperceptiblemente, puede ir asfixiando el amor: la rutina.

La observación de la vida desde la cima me fue mostrando y demostrando a lo largo de los años una explosiva evidencia, a saber: el factor desestabilizador más temible de la institución conyugal es la rutina.

No es temida porque pasa desapercibida. Y pasa desapercibida porque no se implica en aventuras, escándalos, infidelidades... No alarma a nadie. No asusta porque no es estridente; muchos ni siquiera se dan cuenta de su presencia. He ahí la muerte viajando silenciosamente en nuestra nave.

¿En qué consiste la rutina? Lo que se repite, se gasta. Lo que se gasta, cansa. Lo que cansa, pierde frescura, novedad, interés.

Hay una preciosa melodía que causa en mí un tumulto de emociones. Si esa melodía la escucho veinte veces, ya no me causa tanta emoción. Si la escucho cincuenta veces, ya no me gusta, me aburre, me hastía. ¿Qué ha sucedido? De tanto repetirla, la melodía se gastó para mí. En sí misma, la melodía es exactamente seductora como el primer día. Pero de tanto escucharla, para mí, hoy, es una música muerta.

Supongamos que a usted le gusta hasta el delirio un plato de langosta. Pero si come langosta todos los días, al cabo de una semana comienza a cansarle por muy exquisita que sea. Si sigue comiendo diariamente langosta otra semana más, va a sentirse hastiado y finalmente dominado por una sensación de náusea. Las cosas que se repiten, inevitablemente se gastan.

Hay que ver con qué ímpetu e ilusión inició su trabajo profesional. Cada día era un mundo inédito, pletórico de sorpresa y novedad. Pasaron once años: hoy no puede disimular la sensación de hastío, siempre soñando en el fin de semana y en las vacaciones de verano. Hace mucho tiempo que su profesión perdió el encanto primitivo.

En el matrimonio, igual.

En la vida conyugal la rutina es un roedor implacable.

Por lo general, los novios se casan vibrando. El viento sopla y las velas están inquietas, el amor romántico enciende las primaveras, florecen los días, se dilatan los corazones y comienza la fiesta del amor con música de dulzura desconocida.

Pasan los primeros años, y la llama, nadie sabe cómo, comienza a declinar imperceptiblemente: siempre el mismo horizonte, el mismo panorama, las mismas personas con sus limitaciones, todos los días igual... Sin que nadie se dé cuenta, la monotonía, como una penumbra, va ocupando todos los espacios.

Transcurren años y años, y la rutina, igual que la termita el interior de la madera, acaba por devorar, paso a paso y sin darnos cuenta, la frescura, el color y la originalidad de la vida conyugal.

Aquellos ojos tan preciosos siguen siendo preciosos, pero a mí, ahora, ya no me fascinan como antes. Su timbre de voz que antiguamente me arrebataba, hoy me deja frío. Aquella figura escultural que antaño hacía vibrar todo mi ser, hoy, a pesar de conservar la misma espectacularidad, a mí no me hace vibrar. Parece que todo se desgastó.

Los esposos entran en la somnolencia de un atardecer. Insensiblemente se les desvanece aquel primer amor, aquel ímpetu inicial. Desfallece la ilusión. Se pierde la novedad. Hace tiempo que el fuego está enfriándose. No se ha apagado todavía; pero tiene tan poca luz, tan poco calor... Es la rutina.

PEQUEÑOS DETALLES

En las páginas anteriores hemos formulado una terrible pregunta: ¿el amor estará irremediablemente destinado a desgastarse y fallecer? Este libro se ha escrito con el único objetivo de abrir pistas de luz y dar orientaciones de vida para ayudar a las parejas a lograr pleno éxito en el proyecto de su amor.

Por lo demás, este libro está estructurado en una doble dimensión. Primero realizamos radiografías descarnadas y frías sobre diferentes fenómenos que pueden acechar la estabilidad del amor. Pero, después, no dejamos al lector con la cuerda apretada a la garganta, al borde de la desesperación, como fatalmente destinado al fracaso de los sueños más caros de la vida. No.

En segundo lugar, aportamos terapias liberadoras y soluciones prácticas para responder y superar aquellos temibles diagnósticos. La vida es difícil, pero somos hombres de esperanza. Aun las situaciones más intrincadas ofrecen perspectivas de solución.

Pero ello no significa que estemos mágicamente salvados de los peligros, e instalados en el pleno éxito del gran sueño de la vida. Se supone que son los mismos cónyuges los que toman conciencia de que ellos mismos, y sólo ellos, son los salvadores de sí mismos. No esperen nada de los demás.

No es en el consultorio psiquiátrico donde se solucionan las crisis. Son los mismos esposos los que tienen que tener voluntad de salvarse, y la decisión firme de liberarse de las asechanzas contra el amor, poniendo en práctica, con paciencia y esperanza, las orientaciones de vida que iremos entregando.

Ya lo hemos explicado: el enemigo más temible del matrimonio está dentro, silencioso, impalpable, difícil de localizar; y no sabemos cómo y por dónde atacarlo.

En definitiva, ¿qué nos hemos propuesto al escribir este libro? ¿Qué queremos? Queremos que el amor no muera. Pretendemos lograr un amor inmortal, un amor eternamente renovado, recreado a cada instante, un amor que todas las mañanas amanezca con una cara nueva.

Y ¿cuál es el método para conseguir semejante prodigio? El camino de los *pequeños detalles*.

En cualquier momento se pueden abandonar las ocupaciones y sentarse unos minutos al lado del cónyuge sin propósito alguno. ¡Es tan fácil! No es necesario declarar nada especial ni expresar alguna manifestación afectiva. El detalle, por sí mismo, es un gesto más elocuente que las palabras.

En el momento menos pensado, colocar sorpresivamente aquel casete cuya música tanto le fascina al cónyuge. No hay comentarios. El detalle, sin decir nada, le está diciendo: "Toda mi vida me encantaría realizar cosas que te agraden..." etc.

En un día en que no hay motivo especial, llegar a la casa con un espléndido ramillete de flores, de esas que tanto le gustan al cónyuge, sin decir palabra. El gesto le está diciendo mejor que las palabras: "Eres para mí la persona más importante de este mundo..." etcétera.

Hace treinta y cinco años, en un día como hoy, se conocieron por primera vez. Ha sido una larga historia de amor. ¡Qué formidable carga vital! Un día lograron alcanzar una estrella con las manos y otro día vieron que las estrellas se precipitaban en el vacío. A veces el delirio tocó el firmamento y otras veces se les rompieron los vasos. Así y todo ha sido una hermosa historia. Pero esta historia tuvo un primer día, un lugar concreto, y una hora precisa en que se conocieron. Hoy es el día. Y con mucha alegría acuden a un restaurante de categoría para celebrar la importancia de esta fecha tan emblemática. Celebrar es recordar. Recordar es revivir. Y así la llama del amor alcanza nuevas alturas. Pequeños detalles.

A este método de los pequeños detalles se le podría denominar de otra manera: *ser cariñosos*; lo cual no necesariamente significa hacer caricias sino conducirse con un corazón afectuoso. Lo importante para ser cariñosos es que el esposo o la esposa, a partir del comportamiento del otro cónyuge, por una mirada, una modulación de voz, un no sé qué... sienta que el otro *está conmigo.*

No hay recetas para ser cariñosos. Hay gestos y actitudes que, inequívocamente, son portadoras de cariño, manifiestan cariño, generan cariño. No se sabe definirlo pero se puede sentir. La gente habla con expresiones populares: "Mi cónyuge está conmigo"; "Mi cónyuge ya no está conmigo". Sobran explicaciones.

¡Pequeños detalles! Una mirada especial, una sonrisa, un tomarse las manos, un dedicarse unos minutos sin un porqué, un detenerse por un instante para preguntar: ¿Cómo estás? ¿Se te pasó el dolor de cabeza? ¿Necesitas algo?

Pequeños detalles: es como si se le dijera:

"Eres para mí la persona más importante; no tengo otra felicidad que hacerte feliz..." etcétera.

¡Es tan fácil hacer feliz al cónyuge! Mejor dicho, nadie puede hacer completamente feliz a otra persona, pero sí podemos pasar la vida ofreciéndole sorbos de alegría, porciones de aliento, instantes de felicidad... ¡Pequeños detalles! Basta con llamar por teléfono: ¿Cómo están los niños?, ¿hay alguna novedad?, ¿necesitas algo? No lo ha hecho feliz, pero le ha ofrecido una copa de felicidad, un vaso de alegría. ¡Es tan fácil!

Un día regresar a casa con una preciosa caja con chocolates para su cónyuge. No lo ha hecho feliz, pero le ha proporcionado un instante sorpresivo de gozo y gloria. Sin decir nada, está diciéndole: "Estoy contigo; para mí eres único en el mundo; no hace falta que te diga que te quiero". Y así el amor es una llama que va ascendiendo a las alturas, y de rebote estamos librando la batalla contra la rutina.

El negocio no levanta cabeza; la profesión ha sufrido un severo revés; los conflictos nos pisan los talones; definitivamente el ánimo está por los suelos. Tome el teléfono, y no una vez, para darle aliento al cónyuge deprimido, diciéndole: "Déjame decirte que hoy estoy más que nunca contigo; en medio de la tormenta conservo para ti el amor fresco y puro como la lluvia. Todo pasará. Despunta la aurora. Mañana será mejor. Venceremos. Vamos adelante".

No lo ha hecho feliz, pero le ha entregado una copa de estímulo, un vaso de esperanza y fortaleza. La llama del amor ha adquirido una nueva estatura y una nueva vibración.

El cónyuge está postrado en cama con una recia fiebre. Ese día no debe parar el teléfono, como si lo demás no importara: "¿Cómo te sientes?, ¿qué dice el doctor?, ¿necesitas algo? Está de más decirte que eres mi única preocupación. Temprano abandonaré el trabajo para llegar cuanto antes a casa para estar a tu lado; después de todo, toda mi alegría está en ti".

No lo ha hecho feliz. Pero sus palabras le han infundido más salud que las recetas médicas. ¡Es tan fácil! No cuesta nada.

De pronto la luz alumbra la casa, la música surge de las profundidades y estallan por doquier las buenas noticias. Es la hora de tomar el teléfono y compartir la alegría con el cónyuge: "¿Sabes? Están llegando bellas noticias a la casa. Todo el mundo está comentando elogiosamente tu actuación. Dicen que estuviste magnífico. Estamos orgullosos de ti...".

No lo ha hecho feliz, pero le ha ofrecido una espléndida copa de autoestima. La ilusión levanta el vuelo. Hemos proporcionado abundante combustible al fuego, y el amor se despliega nuevamente como una rosa.

Aquí está la fórmula secreta para acosar y fulminar la rutina: los esposos necesitan alimentar la voluntad y tener resolución a fin de no dejar desfallecer el amor.

Ésta es la manera de recrear a cada instante el amor, y de lograr la maravilla, el prodigio de que todas las mañanas amanezca el amor con una cara nueva.

Sobre todo, ésta es la manera de dar la batalla y vencer a esa insidiosa que es la rutina.

CELEBRARSE

Continuamos por la ruta de los pequeños detalles. Entre ellos está la celebración mutua de los cónyuges.

¿Qué significa celebrarse? Reconocer y elogiar las cualidades y actuaciones de la persona amada.

Los que verdaderamente se aman, con toda naturalidad se manifiestan la mutua admiración. Resulta notablemente satisfactorio y gratificante para un cónyuge sentirse valorado, apreciado y elogiado por aquella persona con la que se ha comprometido a compartir la vida entera.

Hacerlo es simple y natural. Basta dejar de mirarse a sí mismo y volverse hacia el otro. No cuesta nada expresar los sentimientos interiores de admiración, con una pequeña ceremonia de amor, con una exclamación admirativa.

En las primeras etapas del amor, los enamorados viven mutuamente maravillados, como en un mundo encantado, como si todo fuese magia, mirándose y admirándose en todo momento.

En esa época no les costaba nada demostrar cuánto se estimaban y valoraban. Incluso vivían celebrándose continuamente, como embelesados, elogiando los adornos y atributos con que se distinguían ambos amantes. Parecían extasiados.

Con el paso de los años y en la medida en que el matrimonio es dominado por la monotonía, el egoísmo capitula en el esfuerzo por aportar nuevos detalles de amor y los esposos se tornan más indiferentes y menos efusivos. Como consecuencia, el amor comienza a entrar en el invernadero de la rutina, desfallece el asombro, se desvanece la magia y muere la novedad.

Entre los pequeños detalles, ¡qué hermoso sería preocuparse por buscar oportunidades para mirar y admirar a la persona amada, ponderar sus cualidades y expresarle elogios!

ESTAR PRESENTES

Entre los pequeños detalles podemos integrar el de *estar presentes.*

Es difícil acotar con palabras exactas el contenido del *estar presente.* Trataré de hacerlo con sucesivas expresiones.

Es dar espacio y tiempo al otro cónyuge para que se manifieste con toda espontaneidad.

Escuchar, prestar atención a los sentimientos del cónyuge sin analizar, sin opinar, sin siquiera exteriorizar reacción alguna.

Simplemente *estar presente* con una actitud receptiva y atenta, sin prisa de ninguna especie.

Mantener una atención activa, permanecer perceptivo, alerta, como si se tratara de una cosa mía.

Expresar interés y deseo de compartir, de tal manera que el otro pueda manifestar libremente sus más íntimos secretos, ofreciéndole comprensión y acogida.

Todo esto significa estar presente.

Los mejores momentos de la historia de los matrimonios fueron aquellos en que los cónyuges estuvieron presentes el uno junto al otro.

El hecho de *estar presente* produce aquel contenido del amor, el más entrañable, que llamamos *comunión.* Esto es: un movimiento oscilante de dar y recibir, abrir las puertas el uno al otro de tal manera que puedan decirse con pleno significado: "Estoy contigo"; "estás conmigo".

Hago un espacio dentro de mí para que el cónyuge lo ocupe, franqueándole la entrada hacia mi recinto interior y acogiéndolo con brazos de cariño. Y esto, recíprocamente.

El fruto inmediato de esta comunión es la confianza, una confianza gozosa.

Y el resultado final es aquel clima difícil de descifrar; es decir, una atmósfera transida de alegría, seguridad, dulzura y calor que envuelve y compenetra a dos esposos, haciendo de dos corazones un solo corazón. Es la corona de una historia de amor.

COMUNICARSE

La medida de la madurez conyugal es la entrega de su riqueza interior y la participación, al mismo tiempo, de la riqueza del otro.

Comunicación no significa, pues, conversación, intercambio de frases, preguntas y respuestas. Ni siquiera significa, exactamente, diálogo. Antes bien, se trata de una relación, o mejor, de una revelación interpersonal.

Hay, pues, en la comunicación, un amplio juego en el que se cruzan recíprocamente las individualidades. Hay una intercomunicación de conciencias por la que el otro vive en sí y conmigo, y yo vivo en mí y contigo.

Comunicarse encierra, pues, un sentido entrañable y personal: entregar algo que es sustancialmente mío, algo que forma parte esencial de mi ser, y esto recíprocamente entre los esposos.

Se puede hablar mucho y no decir nada.

Puede haber entre los esposos conversaciones superficiales durante las cuales se habla de todo y no se comunica nada.

Incluso algunas veces las palabras pueden transformarse en disfraces para encubrir problemas, para seguir fingiendo que todo marcha bien, que aquí no pasa nada. No hay comunicación.

Mucho más: con frecuencia los esposos intercambian opiniones, tratan a fondo temas políticos y hasta culturales, abordan inquietudes familiares sobre la marcha de los negocios, sin olvidar los problemas de los hijos adolescentes, pero rehuyen sistemáticamente entrar a fondo en la intimidad de sus vidas, *una vida a dos.*

¿Temor de abrir viejas heridas? Puede suceder que las heridas estén ahí en la penumbra sin cicatrizarse. Pero los esposos prefieren permanecer con los ojos cerrados, porque presienten que podrían encontrarse con zonas peligrosas y amenazantes.

Nos cuesta escuchar cuando tenemos miedo; pero sólo cuando los esposos pueden hablar con toda franqueza, y sólo entonces, pueden sentirse libres.

En síntesis, ¿qué implica la comunicación? Comunicarse implica compartir sentimientos y sueños, descubrir sin miedos zonas profundas de uno mismo, dialogar de dentro a dentro, abrir las puertas sin temor y con libertad.

No hay tragedia mayor que la incomunicación con aquella persona que elegimos para compartir la vida. Este hombre recorrió el mundo –permítaseme expresarme así– para encontrar una mujer, y esta mujer recorrió la tierra entera para encontrar un hombre; al fin se encontraron, se comprometieron y juraron compartir a fondo la vida entera hasta la caída del telón. Y ahora resulta que viven en una misma casa pero conviven como extraños, distantes y ausentes. ¿Cabe desgracia mayor?

A veces estamos necesitados de consolación, pero antes de recibirla necesitamos manifestar nuestros temores.

Si nos hemos equivocado, necesitamos una palabra de comprensión.

Si alguien nos ha inferido un daño, necesitamos exteriorizar nuestra pena; de otra manera, la pena tiende a transformarse en irritación, que más tarde deriva en rencor, sentimiento de fuego que pugna por salir, y cuando sale lo hace de una manera violenta y desproporcionada.

Cuando las penas no se exteriorizan, se convierten en veneno en las sombras profundas del alma; y esta toxina, a su vez, va convirtiendo a los esposos en personas resentidas que después proyectan su cólera sobre seres inocentes, sus hijos.

Por otra parte, no debemos olvidar que la peor violencia es la del silencio.

El silencio resentido es una de las venganzas más crueles.

Cuando un cónyuge pregunta al otro: "¿Qué te pasa?", y el otro responde secamente: "¡Nada!", puede ser y suele ser una voz que sale de las cavernas oscuras, de la otra orilla del silencio, como diciendo: "No te metas conmigo", o "¿Qué tienes que ver conmigo?". Una manera altanera de dar portazos y clausurar salidas y entradas.

PROBLEMAS NO RESUELTOS

Y así, avanzando por la vía de la incomunicación, nos topamos con el lobo gris de los *problemas no resueltos*.

Estos problemas, si no se abordan a cara descubierta, van a aparecer por la calzada, como fantasmas, una y otra vez.

En la mayoría de los matrimonios palpitan, soterrados y mudos, temas tabús: "De esto no se habla".

Como el avestruz esconde la cabeza bajo las alas para no ver al cazador, nosotros nos engañamos a nosotros mismos compartiendo siempre noticias halagüeñas, charlando alegremente sobre episodios que nos van bien, abundando sobre puntos en los que estamos de acuerdo, evitando tercamente mencionar siquiera aquellos problemas no resueltos que se arrastran años y años.

Y he aquí una fórmula mágica: el simple hecho de comunicar un problema equivale a ponerse en la dirección correcta de su solución. El hecho de colocar sobre la mesa temas tabús, comentarlos y analizarlos tranquilamente, significa que estamos a medio camino de la solución.

¿Qué hacer para abordar y analizar ciertas actitudes y comportamientos del cónyuge, actitudes que tanto nos disgustan? ¿Cómo enfrentar las diferencias, mejor, las divergencias? ¿Qué hacer con los problemas no resueltos?

El error consiste en acumular, de forma silenciosa, amargura sobre amargura, rumiando y dando vueltas en la mente y en el corazón, una y otra vez, a los recuerdos venenosos... hasta que se desencadena la crisis, y, en un momento desafortunado, explotamos y soltamos todo el veneno en medio de recriminaciones y amenazas, abriendo heridas incurables.

¡No puede ser! No hay derecho a abortar de manera tan lamentable el sueño de toda una vida. No podemos continuar así. Hagamos amanecer la magia de una aurora, la de la sinceridad y la verdad, la hora de abordar los puntos que nos disgustan, los problemas no resueltos que nos ensombrecen los horizontes, las divergencias que distancian nuestros corazones.

En la práctica, ¿cómo hacerlo? Primeramente hay que hacer surgir desde las cenizas el milagro de una resolución ciega, una voluntad de granito para tomar entre las manos los problemas quemantes, tratarlos y solucionarlos.

Hay que buscar un lugar y momentos oportunos. Por ejemplo un fin de semana, en un monte, en un hotel, en fin, un lugar distante y solitario. Es de desear que la fecha coincida con una motivación emotiva, como un aniversario de boda o del día en que se conocieron. Para lograr resultados positivos es imprescindible que los esposos permanezcan aislados durante esos días. Una vez instalados en esas circunstancias, ¿cómo proceder? He aquí algunas líneas orientadoras para los momentos del abordaje y los diálogos.

No imponer condiciones de antemano diciendo por ejemplo: "Con tal de no tocar aquel punto...".

Control absoluto del sistema nervioso, evitando exteriorizar el nerviosismo en la voz, en los ojos, en el lenguaje; todo con gran calma.

Una paciencia infinita.

Permitir al cónyuge expresarse libremente, sin interrupciones, aun cuando no se esté de acuerdo con lo que dice.

No enojarse ni sentirse amenazado en ningún momento.

Advertir y tomar conciencia en todo momento de que también el cónyuge interlocutor dispone de una excelente voluntad y habla movido por el deseo de solucionar el problema.

No hacer una cerrada y agresiva defensa de su posición, demostrando que usted tenía razón y el otro estaba equivocado.

Para evitar el tono recriminatorio, utilizar las siguientes expresiones:

a) "Me gustaría" (que procedieras de esta manera, evitaras aquello, me ayudaras en esta oportunidad).

b) "Necesito de ti" (en esta edad difícil de los hijos, en esta delicada situación de los negocios, ahora que estoy atravesando un mal momento).

Formular recíprocamente preguntas como éstas:

¿Qué cosas mías te disgustan?

¿En qué te he decepcionado?

¿Qué te desilusiona en nuestra relación?

¿Hay alguna pena o decepción que no te atreves a comunicarme?

¿Qué es lo que más desearías de mí?

Si, como hipótesis, pudiéramos retroceder en el tiempo y volver al día de nuestra boda, ¿qué capítulo de nuestra historia borraríamos? ¿En qué pondríamos más empeño? ¿Qué evitaríamos?

Todo esto no deja de ser una cirugía dolorosa, un psicoanálisis desabrido, pero cuando el mal toca las raíces, el bisturí tiene que avanzar hasta el fondo. Cualquier otra terapia sólo sería un parche sobre la herida.

Vale la pena detenerse en medio del camino, y con los ojos abiertos, asomarse a los precipicios donde se juega el destino humano; enfrentar sin pestañear los interrogantes y reemprender la ruta con un ánimo renacido.

MALOS MOMENTOS

Cuando menos se piensa, hace su aparición sobre los horizontes de la vida una nube oscura y amenazante: son los malos momentos, durante los cuales es necesario cultivar el amor conyugal más esmeradamente que nunca, porque precisamente para esos días de tempestad el único refugio que se puede encontrar es el del amor.

En el correr de los años caen sobre la familia de la manera más sorpresiva, golpes inesperados: un fracaso profesional, la pérdida de un pleito en los tribunales, un escándalo político, un colapso financiero...

¿Resultado? La mayoría de las personas les dan las espaldas; algunos ni siquiera los miran, los que nunca los quisieron, los desprecian abiertamente, sus amigos los compadecen; silenciosamente, parece que nadie está con ustedes, o mejor, parece que todos están en contra de ustedes; y ustedes ni se atreven a salir a la calle porque todos los miran de manera sesgada.

En medio de tanta desolación, el matrimonio se cohesiona más que nunca.

Ahora llegaron a experimentar por primera vez que el amor es "su casa" y que la vida conyugal es su refugio y fortaleza.

La vida de mutua comprensión y apoyo incondicional les confiere la bravura para mantenerse de pie diciendo: "Mañana serán mejor"; "sigamos adelante"; "todo pasará"; "venceremos".

Aquí está la grandeza y fortaleza de una vida a dos: los esposos saben que a pesar de los reveses y descalabros, a pesar de que en la calle nadie los mira ni los saluda, en su casa no serán rechazados; saben que sus fallos y fracasos serán perdonados y que el amor no amenguará por ningún contratiempo.

Al contrario, es durante estas épocas desmelenadas y períodos miserables cuando debe resonar más alto que nunca: "Te amo ahora más que nunca", y es en estas épocas bajas cuando la fidelidad alcanza su máxima madurez.

De esta manera queda patente y evidente que el cónyuge no es amado por sus éxitos y glorias sino por ser él quien es.

Desde la atalaya de la vida hemos constatado que, con frecuencia, los rudos golpes han constituido una gran bendición para la vida conyugal. ¡Cuántas veces!

AUSENTES

Hay una serie de elementos que pueden mantener a los esposos mutuamente ausentes: la incomunicación, la falta de confianza, la carencia de libertad, el desencanto, la ofensa. Los esposos viven bajo un mismo techo, pero sus corazones están distantes, sus espíritus ausentes. Conversan pero sus palabras no provienen de los mundos interiores, que ya están clausurados, sino tan sólo de la garganta. No viven. Agonizan.

Estar ausente en el espíritu significa que los esposos se han encerrado en la caverna de la soledad. Aun las personas más abiertas pueden retraerse a las regiones interiores más distantes. Esto sucede cuando los esposos, o uno de ellos, se sienten ofendidos o traicionados, y al mismo tiempo son incapaces de perdonar; en ese caso emprenden viaje hacia las regiones de la soledad, revestidos de un manto de rencor. Automáticamente la confianza queda degollada, se cierran todas las puertas de la interioridad y se pone un candado al diálogo. Todo es obra del amor propio, enemigo absoluto del matrimonio.

Es una fiera el amor propio; y, cuando es herido, no hay quien lo detenga: es asesino y suicida al mismo tiempo. Su único placer es castigar al cónyuge dándose a la fuga y encerrándose en el silencio de la ausencia. Así castiga al cónyuge sin darse cuenta de que también se castiga a sí mismo. Por eso decimos que es homicida y suicida.

Este estado de ánimo lo hemos descrito como falta de confianza, pero podríamos darle una connotación más severa: se trata también de una especie de hostilidad que no deja de tener su carácter de venganza.

Bien; pero no es nuestra costumbre y estilo quedarnos con radiografías espantosas en las manos, sino lanzarnos inmediatamente a la búsqueda de terapias sanadoras. ¿cómo cubrir ese foso de ausencia? ¿Cómo franquear esas distancias? ¿Cómo derribar esos muros de separación? ¿Cómo abrir esas puertas clausuradas?

En el capítulo IV abriremos numerosas pistas que ayuden a los esposos a ungir las viejas heridas con el bálsamo perfumado para que la confianza renacida retorne a la sombra del hogar.

Cuando la existencia transcurre armoniosamente en el matrimonio, los esposos casi ni se dan cuenta de que todo marcha bien. Cuando se atascan las ruedas de la convivencia y las cosas comienzan a andar mal, entonces cada cónyuge cree tener la razón, y que el otro está equivocado, que uno es la víctima y el otro es el verdugo.

Aun los matrimonios mejor avenidos tienen momentos de crisis, y en esos momentos, los cónyuges se olvidan de un algo evidente: *que se aman.*

Las peleas matrimoniales pueden parecer tontas a los ojos de la gente, pero el sentimiento de culpa que ellos experimentan es insoportable, porque cada uno piensa para sí: "Si él me amara de verdad, no me haría sufrir tanto". ¿Conclusión? El amor, en sí mismo, queda cuestionado.

Como lo estamos repitiendo tantas veces, el enemigo fundamental es el amor propio, cuya inmediata reacción es la represalia: "Hacerlo sufrir como él me ha hecho sufrir". Y así lo que comienza por una pequeña discusión va subiendo de tono, las palabras crean palabras, la violencia engendra violencia y, en el momento menos pensado, nos hallamos complicados en una batalla en que se reciben heridas letales.

Como se ve, no existen fórmulas mágicas para edificar una pareja feliz. Es una tarea lenta, blindada de paciencia y tenacidad.

MUROS QUE SEPARAN

¿De qué sirve vivir juntos si a un cónyuge no le interesan los asuntos que le interesan al otro?

El hecho de que un cónyuge ignore lo que el otro siente o piensa, ello define y mide la distancia que se abre entre los dos.

Cuando hay de por medio una ofensa, nace el enojo, y, como consecuencia, se cierran las puertas y el otro se encierra en el mutismo, ¡a pesar de que se quieren! El uno sabe que el otro sufre y los dos saben que se aman y que desean salirse de ese atolladero en que los metió el amor propio.

En tal caso, ¡cómo se aliviaría la tensión si uno de los dos cónyuges tomara la iniciativa e hiciera una llamada telefónica, expresara una palabra amable o diera un fuerte abrazo! Basta uno de estos detalles para que los enojos se evaporen, las desavenencias desaparezcan y retorne la ilusión primera.

Cuando un corazón guarda un agravio, basta que se produzca el mínimo incidente para que aparezca la desconfianza y el amor reciba fuertes heridas.

Cuando los enojos no se manifiestan, tienden a transformarse en veneno, e insensiblemente nos convertimos en seres solitarios y resentidos; nos parece que todos están en contra de nosotros, y distorsionamos las cosas. Nos interesa más demostrar que tenemos la razón que hacer las paces.

El enojo es un sufrimiento que emana de una herida, la cual, a su vez, es consecuencia de una ofensa, y todo ello acaba finalmente en un impulso de venganza. Su forma más suave es la irritación y la más extrema, la ira. El enojo fácilmente levanta la voz y acude a la ironía, y torna al cónyuge en una persona malhumorada.

Una de las prioridades absolutas, en la relación conyugal, es la de expresarse mutuamente los sentimientos. Cuando uno de los cónyuges se siente herido, naturalmente experimenta turbación y enojo. El cónyuge ofendido debe acusar el golpe lo más pronto posible y manifestar claramente que está dolido.

Hay más: si el rencor se guarda oculto en el interior, va transformándose lentamente en tumor maligno que irá envenenando las corrientes relacionales y en una energía autodestructiva con la que se castiga uno mismo y a los demás.

El cónyuge ofendido debe manifestar, sin necesidad de explotar, qué mal se siente, cuán herido está. De otra manera la relación se deteriora, el sexo se torna mecánico, la entrega se convierte en manipulación, la ofensa en rencor y el amor en odio.

Si se reprime la ira, ella avanza hasta lo más profundo de la interioridad tejiendo fantasías de venganza, echa raíces en nuestro ser, nos hace daño, no dormimos bien, queda perturbado el funcionamiento del aparato digestivo. Lo urgente y necesario es hacerle saber al cónyuge, sin esconderse en el mutismo, cuán dolido se siente, qué agitado está. Sentirá gran alivio.

Frecuentemente, cuando los esposos están heridos, dan toda clase de explicaciones que no son propiamente explicaciones sino justificaciones o pretextos para echar la culpa al otro por el fracaso de la relación. En vez de aceptar su parte de responsabilidad, sacan a relucir sus viejos rencores mientras se encierran en el mutismo alimentando un sordo resentimiento. Es su manera de castigarse y castigar, atribuyendo el fracaso matrimonial a la falta de apoyo del otro cónyuge.

En una relación conyugal, los esposos deben ayudarse mutuamente a superar las desilusiones de la vida, porque cada cónyuge tiene el derecho de expresar toda la verdad, y el derecho de ser escuchado y comprendido. Sólo así vale la pena aventurarse en el compromiso conyugal para saborear, en común unión, todo lo hermoso que la vida depara.

PROBLEMAS SEXUALES

Está a la vista y es obvio que el factor sexual es un ingrediente fundamental en el entramado conyugal. El problema sexual puede ser causa o efecto de otros problemas. En todo caso, siendo el factor sexual un mundo enormemente complejo, el lector comprenderá que yo no tengo autoridad para meterme a fondo en este terreno para opinar y aconsejar.

No obstante, a partir de lo que he oído y leído, intentaré entregar unas reflexiones prácticas.

Se suele decir que los hombres no imaginan el amor sin sexo; y que las mujeres no imaginan el sexo sin amor.

Comencemos por *ellas*.

El resentimiento o enojo puede ser, en ellas, la causa de la frigidez y la razón de no experimentar el impulso sexual, y hasta de rehuir el contacto marital.

Otras veces la causa del problema sexual, en ellas, suele ser una insuficiente autoestima, dudando de si serán dignas de ser amadas. Cuando hay una sospecha de infidelidad por parte del marido, automáticamente la mujer es acosada por el complejo de inferioridad y la desvalorización, en cuyo caso todos los resortes vitales del complejo sexual quedan atascados, imposibilitando una relación sexual normal con la consiguiente frustración de ambos cónyuges.

La mujer que no es amiga de sí misma, que no está contenta de sí misma, difícilmente podrá sentirse atractiva para entregarse corporalmente a su marido. Cuando una esposa se entrega sexualmente al marido tan sólo para agradarle, o simplemente para reconquistarlo, o para sentirse amada, puede ser que el marido quede gratificado pero ella misma puede quedar insatisfecha por sentir como artificial todo el acto.

Cuando una esposa percibe a su marido como un hombre egoísta y que, por añadidura, la trata autoritariamente y con aires machistas, es normal que esa esposa se sienta con derecho a rechazarlo cuando el marido busque la relación sexual.

Cuando el marido, en una actitud egoísta, hace del acto sexual una función puramente mecanicista y no un momento de intensa ternura, es imposible que surja una plenitud de común unión entre los dos, y lo normal será que la mujer quede defraudada.

La mayoría de las esposas, calificadas como frígidas no necesariamente son sexualmente insensibles, sino que se sienten heridas por algo y, por consiguiente, son incapaces de expresar ternura.

En efecto; si una esposa está harta de aguantar a un marido dominador e insensible, jamás va a manifestar deseo de relación sexual, porque la relación sexual, en cuanto espontánea, es fruto de un recíproco trato afectivo, en que los dos se sienten libres y felices.

Sí; una vida sexual plena y gratificante es la prolongación connatural de una dichosa convivencia. Cuando el sexo no funciona, la causa del problema hay que buscarla en la relación de convivencia.

En el caso de los maridos.

Frecuentemente se oye decir que cuando el acto sexual no es satisfactorio, es señal de que está fallando gran parte de la relación conyugal, y que, cuando es satisfactorio, significa que anda bien tan sólo una pequeña parte de la pareja.

Una relación sexual plenamente espontánea y gratificante está reflejando el grado de confianza y franqueza con que se comunican los esposos.

Está demostrado que cuando un esposo, siendo normalmente sano, sin embargo padece grados importantes de impotencia sexual, casi siempre se debe a los sentimientos de ira y rencor almacenados en su interior y reprimidos. Son sentimientos soterrados de gran complejidad que misteriosamente inciden sobre todo en el proceso sexual. Como se puede comprender, la solución será necesariamente ardua y compleja porque, en el supuesto caso, quedan interesadas zonas profundas de la personalidad.

El varón, en el caso de la impotencia, se siente fuertemente acomplejado, y, si se trata de un tipo machista, profundamente herido en su orgullo y humillado. Por añadidura mete en el embrollo a su esposa; porque ésta comienza a pensar si no será por su culpa que el marido sufre impotencia, si no será ella lo suficientemente atractiva sexualmente para agradar al marido; y podría suceder que ella haga un esfuerzo para estimularlo, no por deseo sino para poner a prueba su capacidad de seducción; lo cual evidentemente, no dejaría de ser un procedimiento artificial con probables resultados negativos para ambos cónyuges.

Aquí también, igual que en otros problemas conyugales, el primer paso para solucionar el problema de la impotencia consiste en que el marido reconozca la existencia del rencor y de la ira, confesando sinceramente la causa que los motivó. Probablemente resultará una terapia liberadora. Podría suceder, sin embargo, que este reconocimiento coloque al marido en una posición psicológica de debilidad, que, para un marido machista, puede resultar humillante.

En resumen: Podemos afirmar, como lo hacen todos los especialistas, que la mayoría de los problemas sexuales, en el ámbito matrimonial, obedecen a causas emocionales. Una vida de armonía y confianza en la convivencia diaria llevaría a los esposos a la solución de todos, o casi todos, los problemas sexuales.

CAPÍTULO IV

AMOR OBLATIVO

TRAVESÍA DE UN RÍO

Hay parejas que, al parecer, han sido bendecidas con la corona de una lotería. La estrella matutina guió los pasos y, en su larga sinfonía, no ha habido ningún acorde desabrido. Plena armonía. Parecía que el uno había nacido para el otro.

Un día azul se encontraron los dos en el corazón de la primavera, y al instante saltó la chispa que muy pronto se transformó en llama viva. Se comprometieron a convivir de puertas abiertas, en un perpetuo juego de dar y recibir, y, ¡parece mentira!, durante tantas décadas no hubo entre ellos ninguna grieta, ninguna desafinación. Perfecta armonía. Pero esto no es lo normal; son casos excepcionales.

Lo normal es otro panorama. El esplendor de la boda ya se apagó: desde entonces han pasado muchas lunas por nuestros cielos. Mientras tanto, en el seno de la joven pareja han hecho su aparición, contra todo lo esperado, extrañas reacciones, las primeras salidas extemporáneas, las primeras elevaciones de voz..., cosas que antes nunca las hubiésemos sospechado. Y el amor, criatura frágil, emprende el vuelo hacia la región del desencanto.

Si los esposos no dan el paso, no realizan la travesía de un río, desde una orilla que es la del amor romántico a la otra orilla que es la del amor oblativo, el compromiso matrimonial naufragará.

El hecho de que un matrimonio se haya hecho pedazos en los primeros años de la andadura, no significa necesariamente que el amor que sostenía aquel compromiso hubiese sido un falso amor o metal de mala ley, sino que no habían acertado a realizar el trayecto desde un amor apasionado hacia un amor oblativo.

Abordemos, pues, la cuestión: ¿qué es, en qué consiste el amor oblativo?

Hay afirmaciones que son obvias a primera vista, por ejemplo: al venerable todo el mundo lo venera; con el tipo encantador, todos simpatizan. ¿Quién no ama al amable? ¿Quién no respeta al respetable?

Pero para perdonar una injuria, necesito asfixiar el impulso de venganza. Para reaccionar con silencio ante una grosería, tengo que tragar dolorosamente la saliva. Para comportarme dignamente ante el extraño comportamiento del cónyuge, necesito sofocar el gesto de desagrado que me surge espontáneamente. Cuando uno de los cónyuges incurre en el típico defecto de levantar la voz o soltar una ironía, el otro cónyuge necesita reprimir el impulso de fuga o de responder con otro grito.

Pero esta manera de reaccionar, este devolver bien por mal no es una conducta espontánea, no causa agrado sino desagrado. Es como asacrificar una criatura viva porque los impulsos espontáneos como la venganza, el grito, el rencor son criaturas vivísimas que tienen que morir. Mas este morir, repetimos, no causa emoción, sino dolor. Por eso hablamos de amor oblativo, porque en él se sacrifican impulsos vivos y espontáneos, pero destructivos. Si no se realiza esta travesía del amor emotivo al amor oblativo, habrá música desabrida en el concierto conyugal.

ADAPTARSE

En este vasto campo de la experiencia matrimonial, el primer desafío que levanta la cabeza es el de la adaptación mutua de los esposos. Adaptarse, proceso complejo, difícil de explicar, lleno de vericuetos y curvas inesperadas. Simplificando, digamos que se trata de un proceso de integración de los esposos con sus diferentes rasgos de personalidad para evitar conflictos y convivir en armonía.

Acudamos a un símil. Yo soy un árbol con ramas extendidas, como brazos, en todas las direcciones. También tú eres un árbol abierto en copiosas y gruesas ramas. Existe el peligro de que nuestras ramas choquen y salten chispas, y de que, en el incendio, nuestro amor se reduzca a cenizas al amparo de la noche.

¿Cuántos centímetros deberás cortar tú y cuántos centímetros deberé cortar yo para que nuestras ramas no se hieran, ni se lastimen, y quede resguardada la salud del amor?

Para adaptarse el uno al otro, los dos esposos necesitan podar muchos centímetros, morir a ciertos rasgos de personalidad. Y así, esposo y esposa, muriendo todos los días un poco, se irán ajustando el uno al otro, integrándose mutuamente en sus diferentes perfiles de personalidad para llegar a una plena armonía.

Ello presupone que cada cónyuge prenda la lámpara de la autocrítica y acepta, sin sobresaltos, la crítica del otro cónyuge, otorgándole, al menos, el favor de la duda; es decir, preguntándose si tendrá y en qué medida, alguna parte de razón. De otra manera se cierne sobre el horizonte una seria amenaza: la de que, en lugar de adaptarse el uno al otro, el uno se empeña obstinada y tercamente en que el otro se adapte a él en todo momento y en todos los matices.

Dicen que es largo el recorrido de la convivencia conyugal, y cuando en este largo itinerario asoman los primeros defectos congénitos, hasta ahora desconocidos, aquellos silencios que son peores que los gritos, los brotes amargos del amor propio herido, ¿quién podrá evitar la confrontación? Será difícil debido a los diferentes rasgos de personalidad.

La opinión pública atestigua que la personalidad de este cónyuge está estructurada de una notable madurez, pero nadie percibe en él ciertas parcelas de inmadurez que quedan encubiertas a los ojos de la gente. En la práctica ello significa que este cónyuge habitualmente es razonable y hasta agradable en su comportamiento. Pero en el momento menos pensado le sale aquella reacción típica de su personalidad marcada de aquellos restos de inmadurez. Si en este momento el otro cónyuge entra en relación con él, no cabe duda de que habrá roces y saltarán chispas. Todos, aun los sujetos más equilibrados, necesitan pasar por el círculo de la adaptación.

Todos los esposos, y por cierto todas las personas, tienen rasgos individuales de personalidad, positivos unos y negativos otros, en diferentes proporciones, grados y matices: dominación, perseverancia, versatilidad, veracidad, tenacidad, timidez, sociabilidad, irritabilidad, paciencia, agresividad, mansedumbre, nerviosismos, generosidad, seriedad, humor, rencor, sumisión, emulación, envidia... Esta enorme variedad de rasgos puede tener diferentes manifestaciones, según diversas circunstancias y estados de ánimo.

En la actuación ordinaria de pronto prevalecen unos rasgos, de pronto otros, dependiendo de situaciones de salud, estados de humor, altibajos de vitalidad, procesos metabólicos, actividades laborales...

No se sabe por qué en determinadas circunstancias hace su aparición un rasgo, y en otra emergencia otro aspecto muy diferente. Ciertos rasgos (sean positivos o negativos) están obstinadamente presentes en el comportamiento general, aunque a veces su manifestación depende de los estímulos exteriores.

Adaptarse significa, pues, evitar roces para integrarse. Acabamos de preguntarnos: ¿Cuántos centímetros deberás cortar tú y cuántos yo para que nuestras ramas no choquen con peligro de lastimarnos? ¿O seré yo el que siempre deba ceder y callar?

Adaptarse significa también limar, desgastar aristas, suavizar aquellos rasgos que hieren e incomodan al cónyuge en la relación diaria. De pronto un cónyuge no tiene dificultad en sobrellevar con paciencia la avaricia del otro pero no soporta su falta de veracidad. El otro cónyuge, en cambio, acepta con paz la irritabilidad de su consorte pero no aguanta sus hábitos desordenados. De este modo pueden darse innumerables combinaciones.

Es la misma persona la que tiene que mantenerse alerta para percibir cuáles de sus rasgos molestan a su consorte y tomar conciencia para deliberar qué ramas debe podar, qué aristas suavizar, dónde controlar los impulsos, cuándo callar, dónde ceder... y todo esto equivale a morir. Y morir, en el caso presente, equivale a amar, amar con sacrificio, oblativamente. Si no se realiza esta travesía de una orilla a otra del río, del amor emotivo al amor oblativo, habrá naufragios.

NEUROSIS Y AMOR

Como se ve, la adaptación es un mar lleno de escollos y arrecifes. Un interrogante tras otro levantan por doquier la cabeza ante nuestros ojos. ¿En qué medida, hasta dónde pierde un cónyuge parte específica de su personalidad al tratar de adaptarse? Con esta adaptación, ¿no se perderá parte importante de la identidad personal?

¿Hasta qué punto es una justificación o una expresión válida lo que la gente frecuentemente afirma con todo desparpajo: "Yo soy así; yo nací así; tengo derecho a ser como soy"? ¿Hasta dónde es una afirmación de la individualidad, o testarudez, o egoísmo, o carácter neurótico cuando las gentes gritan a todos los vientos: "¡Hay que ser auténticos!", y en el nombre de la autenticidad fastidian y atropellan a medio mundo?

Como se ve, el problema de la adaptación está repleto de incertidumbres y ambigüedades.

En todo caso, la incapacidad de adaptarse tiene un nombre propio: *neurosis*. Como amar es adaptarse y adaptarse es amar, neurosis significa esencialmente incapacidad de amar. Expliquémonos de otra manera: neurótico es aquel sujeto incapaz de integrase armoniosamente en el grupo humano en que vive, en nuestro caso en el matrimonio. En consecuencia, el neurótico camina de conflicto en conflicto, y no pocas veces el neurótico es neurotizante; es decir, acaba por enfermar a todos los que conviven con él.

El cónyuge neurótico o inadaptado es un sujeto terriblemente racionalizador; es decir, como ya lo hemos dicho, siempre esgrime razones, que no son razones sino justificaciones, para demostrar que él no es culpable. Siempre echa las culpas al otro, porque es incapaz de reconocer su propia culpabilidad. En suma, es incapaz de autocrítica, y la autocrítica es el pórtico de toda liberación en todos los sentidos: ascético, psicológico, profesional... La incapacidad de autocrítica es signo inconfundible de egoísmo puro, es decir, es la situación de una persona que vive exclusivamente en sí y para sí.

Por lo demás, hay otros síntomas que iluminan el entorno con resplandores rojos, a saber: el cónyuge inadaptado es un sujeto compulsivo, agitado y, sobre todo, desproporcionado, es decir, por causas nimias se enciende en reacciones desproporcionadas, se pone furioso por niñerías. Siempre está descontento. Critica todo y se queja de todo. Se hace la víctima y vive amargado. Por añadidura exige que todos se adapten a sus caprichos y exigencias; y, cuando no lo consigue, su reacción suele ser compulsiva.

Si amar es adaptarse y adaptarse es amar, se impone la conclusión: para adaptarse es imprescindible renunciar, sacrificar ciertos rasgos negativos de la personalidad.

Una persona se adapta porque ama, un amor con sacrificio. En realidad amar es morir un poco; porque se ama, se adapta. Esposo y esposa, limando ciertas aristas, suavizando algunas asperezas, muriendo un poco, irán ajustándose, integrándose, adaptándose. Sólo así lograrán una vida armoniosa, feliz y fecunda.

Fuera de casos excepcionales, si los esposos no efectúan la travesía del amor romántico al amor oblativo, no hay relación matrimonial que resiste una larga convivencia en el transcurso de los años.

Hay quienes dicen: El amor no nos acopló en matrimonio para vivir sacrificándonos sino para saborear el néctar de la dulzura y ser felices. ¡Cuidado!, es fácil caer en la superficialidad.

Ya dijimos que la palabra amor es la más ambigua del diccionario. El amor que no está dispuesto a sacrificarse un mínimo para lograr el bien de la persona amada, es una caricatura del amor, o mejor, egoísmo camuflado. Así se explican tantos casos de individuos que fueron saltando de rama en rama. Se casaron por primera vez. Fueron incapaces de dar vida, morir un poco, limar ciertas asperezas. Buscaban en el matrimonio aquello que el matrimonio tiene de dulce, halagüeño y gratificante, pero no quisieron saber nada de morir, ni siquiera un poco. Y, claro está, el matrimonio naufragó. Buscaron otra pareja y se repitió el fracaso. El caso se repitió por tercera y cuarta vez. En realidad nunca amaron; siempre se buscaron a sí mismos. Y el resultado de su vida no podía ser de otra manera: una constelación de naufragios.

En resumen, amar significa callar, ceder, dejar pasar, tener paciencia, dialogar, comprender, perdonar, corregir con dulzura... y esto mutuamente, unas veces el uno, otras veces el otro. Y nunca en tiempo de tempestad. En tiempo de tempestad, paciencia y silencio.

PACIENCIA

Si recorremos el mundo con la lámpara de Diógenes en mano en busca de una palabra mágica que sintetice la sabiduría total del arte conyugal, no encontraremos otro término sino éste: *paciencia.*

Si navegamos por extrañas ínsulas buscando una varita mágica que transforme en oro todo lo que toca, esa varita sería la paciencia. Más aún: si nos lanzáramos en procura de un resorte milagroso capaz de enderezar cualesquiera entuertos conyugales, el tal resorte no sería otro que la paciencia.

Por cierto, la paciencia forma parte integrante del amor oblativo. Es hermana gemela de la misericordia e hija natural de la comprensión. Está tejida con entrañas de madre y es capaz de derribar los muros levantados por el orgullo y el egoísmo.

De pronto sucede que, en el círculo del hogar, en un momento imprevisto, uno de los cónyuges llega a casa con las baterías cargadas de mal humor y levantando la voz... ¡Paciencia!, siempre acompañada de silencio.

Las olas suben y bajan, pero los avatares del hogar van en permanente descenso y los nervios están severamente afectados. Y no se pudo evitar: uno de los cónyuges puso el grito en el cielo... ¡silencio y paciencia! Ya llegará el momento de pedir cuentas: cuando la tempestad se haya calmado, será la hora de exigir explicaciones y reclamar aclaraciones. Pero mientras las olas estén encrespadas, ¡mucha paciencia!

La temperatura del hogar alcanza alturas peligrosas, la crisis sube en espiral, y a este estado de cosas se agregan los caprichos y rebeldías de los hijos adolescentes. Y así llega el momento en que parece que todo está a punto de estallar. Deje pasar la tempestad con una paciencia infinita.

Pero todo tiene un límite en la vida y la paciencia misma está a punto de agotarse. Llegó la hora. Ahora más que nunca, ciega, sorda, muda y como última tabla de salvación, ¡una paciencia incombustible!

No siempre, sin embargo, es hora de la paciencia.

De pronto brilla el sol sobre el hogar, los horizontes se visten de serenidad, y los esposos tienen la oportunidad de sentarse a la sombra de los robles antiguos.

Pero la existencia es dilatada y en el entramado conyugal surgen de improviso turbulencias y sorpresas. En el momento menos oportuno, y contra todo pronóstico, hacen su aparición actitudes de indiferencia, suposiciones gratuitas, interpretaciones arbitrarias, mal humor, palabras crueles según los vaivenes y alteraciones atmosféricas de la vida. Llegó la hora de calmar la tempestad, de sosegar los nervios y de agarrarse al cable de una paciencia infinita, alternadamente: unas veces uno, otras veces otro.

Las notas con que Pablo califica y describe la caridad las podríamos aplicar, al pie de la letra, a la paciencia: *"La paciencia es benigna, la paciencia no se irrita; la paciencia no piensa mal; todo lo excusa, todo lo cree, todo lo espera, todo lo tolera. La paciencia nunca acabará"*.

Si nos sentáramos en torno a una mesa redonda para inventar nuevas definiciones sobre el amor, yo diría: "Amar es tener paciencia con la persona amada". Siempre me acuerdo de las mamás: el bebé, como es bebé, molesta a su madre de mil formas y maneras; cualquier noche la mamá tiene que despertarse seis o siete veces para atenderlo; el bebé se agita incesantemente, llora y llora. Y, ¡oh maravilla!, la madre nunca se cansa; literalmente tiene una paciencia invencible, por una sola razón: porque lo ama.

SANAR LAS HERIDAS

Un vasto silencio reina en los dos corazones. Pero no es el silencio de la paz sino el de la ausencia. El amor no canta en esos silencios.

Al contrario, una batalla se libra en esos silencios. Los dos corazones parecen playas desoladas. Ambos están perdidos en su pequeño yo.

Por la experiencia de los años he llegado a esta terrible evidencia. En el fondo de todos los fracasos matrimoniales palpita un problema de perdón.

Al no saber perdonar, la acumulación silenciosa del rencor ha envenenado la sangre y el amor, los esposos respiran por las heridas y parece que cada palabra que pronuncian es un estilete para abrir nuevas heridas. Y así llegamos al problema de los problemas de la relación matrimonial: el problema del perdón.

La vida conyugal es larga y en su dilatado recorrido surgen de manera imprevista emergencias, altibajos, recaídas, se escuchan gritos, se profieren ofensas.

Los esposos pueden sufrir crisis pasajeras o prolongadas. Pueden producirse momentos de alta tensión en que el tono va subiendo hasta terminar en violencia emocional, verbal o de otro género. Cabe, incluso, una especie de crueldad mental en uno o en ambos cónyuges. Basta que un cónyuge levante la voz; y como las palabras "sacan" palabras y la violencia engendra violencia, en una espiral ascendente se puede llegar, sin darse cuenta, a situaciones insostenibles.

Existen temperamentos *suspicaces*: son aquellos que ven fantasmas donde no los hay. Hay temperamentos *rencorosos*: se trata de aquellos sujetos que no pueden perdonar. Suele decirse que el tiempo todo lo borra, salvo en el caso de los rencorosos, que recuerdan las ofensas recibidas hace veinte años como si hubiesen acaecido esta mañana.

Suelen darse también los temperamentos *vengativos*: son aquellos que sienten placer en hacer sufrir, y generalmente lo hacen con sutil crueldad. Existen temperamentos *egoístas*: se trata de aquella clase de personas que no se preocupan de aportar ni un grano de ternura para el hogar, mientras toda su pasión y entusiasmo lo desbordan en los negocios, en la política y en el trabajo profesional; y para el hogar ¿qué queda? Para el hogar sólo resta el mal humor, el cansancio y el desahogo. Es injusto. Dicen que en la sociedad y en el trabajo son seres encantadores; todo su mal genio lo reservan para la casa: No hay derecho. Caben también aventuras amorosas, sea como comprobadas, o como sospecha y rumor.

Total, el resultado está a la vista: el amor recibe golpes y heridas, y si éstas no se curan, los cónyuges comienzan a respirar por ellas; y, en este clima, los hijos crecen temerosos e inseguros.

Y aquí nos hallamos a las puertas de una gran necesidad: la necesidad de sanación mediante el perdón. Más arriba he afirmado que la vida me ha enseñado dolorosamente, a saber: que ante el análisis último del fracaso matrimonial, si descendemos hasta donde respiran las raíces, encontraremos como la causa de las causas que ha originado el fracaso matrimonial, el problema del perdón. Al acumularse silenciosamente rencor sobre rencor, los esposos han ido envenenándose, uno y otro en su mutua relación, hasta llegar a una situación anímica insostenible en que están degollando el amor.

El rencor es fuego, fiebre, llama que quema e incendia. Por un lado es locura, y por el otro suicidio, atizar el fuego del rencor recordando y reviviendo "lo que me dijo", "lo que me hizo". Sólo usted se quema. El resentimiento sólo destruye al resentido, y el perdón beneficia sobre todo al que perdona.

El enemigo absoluto del matrimonio y del hogar es el amor propio herido. Primeramente es suicida porque prefiere reventarse antes que perdonar, y prefiere sumergir al hogar en la noche de la tristeza. Con su actitud rencorosa castiga a todos, comenzando por el cónyuge, pero no se da cuenta de que, ante todo, se castiga a sí mismo.

MODALIDADES DE PERDÓN

1. La primera modalidad, que ni siquiera es perdón propiamente, es un acto de dominio mental; sin embargo, contiene todos los efectos del perdón. Me explico: es como el caso de una persona que tenía fiebre alta; de pronto desaparece la fiebre y siente aquel delicioso alivio y descanso, y, como consecuencia, la paz. Eso es lo que se siente con el perdón, incluso con esta primera modalidad.

El sentimiento del rencor es una corriente emocional y agresiva, establecida entre mi atención y el cónyuge "enemigo". De mi parte es una resistencia atencional y emocional lanzada contra él. En esta primera modalidad, perdonar consiste en interrumpir o desligar esa atención cargada de rencor, y quedarme yo atencionalmente desligado del otro y en paz.

Para entendernos voy a usar unos verbos en modo imperativo. *¡Sáqueselo!* (de la cabeza al cónyuge y su ofensa). *¡Despréndalo! ¡Deslíguelo! ¡Bórrelo! ¡Olvídelo!* Quédese con la mente vacía o piense en otra cosa.

Esta modalidad se puede practicar en cualquier momento. Cuando advierta que está dominado por el recuerdo del cónyuge y la ofensa que le infirió, haga un acto de dominio mental con los verbos imperativos que le acabo de indicar; simplemente corta el vínculo de atención, vacíese, olvídelo, quédese en paz. Necesitará repetir este acto muchas veces.

2. La segunda modalidad es la de la comprensión, que la enunciaremos con la siguiente fórmula: si supiéramos comprender no haría falta perdonar. De esta modalidad hablaremos ampliamente unas páginas más adelante.

3. Perdonar es extinguir los sentimientos de hostilidad como quien apaga una llama.

Perdonar no es un acto espontáneo de la naturaleza. Al contrario, el rencor es un impulso natural y universal frente a la injuria o la traición.

Con un acto de voluntad no es posible apagar la llama del rencor, porque la voluntad no tiene capacidad de llegar a influir en el mundo de las emociones, y nosotros, en este momento, estamos manejando un material de alta sensibilidad.

Así pues, esta tercera modalidad es de carácter estrictamente religioso; sólo en la fe y en la oración se puede practicar. Por consiguiente, este ejercicio solamente se puede entender en el contexto del último capítulo de este libro. Pondré a continuación, a modo de ejemplo, un ejercicio práctico.

Cálmese cuanto pueda. Concéntrese serenamente y evoque, por la fe, la presencia de Jesús. Una vez en su intimidad evoque el recuerdo del cónyuge ofensor y, lentamente, vaya identificándose con el Señor con las siguientes expresiones: Señor Jesús, entra dentro de mí. Toma posesión de todo mi ser. Oh Jesús, calma este turbulento mar interior. Toma mi corazón, Señor, arráncamelo y sustitúyemelo por el tuyo.

Quiero sentir, Jesús, en este momento lo que Tú sientes por mi cónyuge. Perdona tú dentro de mí. Perdónalo. Tú en mí, por mí y en vez de mí. Sí, mi Señor; quiero sentir en este momento los mismos sentimientos que Tú sientes por mi cónyuge, lo que Tú sentías al morir en la cruz por él. Quiero perdonarlo como Tú lo perdonas. Quiero comprenderlo, perdonarlo, amarlo, abrazarlo con tus brazos, sentirlo con tus sentimientos...

EL CASO DE LOS RENCOROSOS

En todo ser humano la manifestación del rencor suele tener grados diferentes de intensidad, desde los más benignos hasta los niveles casi vertiginosos. Más aún, tal como lo hemos señalado, la venganza y los resentimientos son instintos naturales e inevitables. Constituyen la reacción automática del corazón ante la deslealtad y el agravio. Es el ajuste de cuentas del "ojo por ojo y diente por diente". Pero aquí nos referimos a aquellos caracteres que, por constitución genética, son especialmente rencorosos, y ellos constituyen un número elevado en la grey humana.

El carácter rencoroso está tejido de fijaciones obsesivas y, generalmente, coincide con temperamentos celosos o suspicaces. Nadie tiene la culpa de ser así y nadie sufre tanto como el propio rencoroso. Muchas personas, después de una reacción explosiva por un agravio, se calman y llegan a sentirse como si nada hubiese sucedido. No es que hayan olvidado la ofensa, sino que, al recordarla, no se encienden en ira.

Pero no sucede así con los rencorosos. Recuerdan las ofensas recibidas hace muchos años con tanta indignación como si las hubieran recibido unas horas antes. Desearían olvidar; no pueden. Desearían perdonar; no pueden. Es una característica que no depende de la voluntad sino de la constitución genética. Es una desgracia haber nacido con una estructura psíquica de estas características. Y no se puede cambiar, pero se puede mejorar.

¿Cómo mejorar? Aquí ofrezco tres reglas prácticas.

1ª Regla. La persona que nació turbulenta y rencorosa debe comenzar por aceptar con paz su naturaleza psíquica, y almacenar mucha paciencia y comprensión para consigo misma porque, sin optar ni desearlo, se ha encontrado con una estructura mental obsesiva que le hace sufrir mucho. Debe "perdonarse" a sí misma recordando que si bien tiene este defecto, en contraste está adornada con un enjambre de raras e inestimables cualidades.

2ª Regla. Cuando un cónyuge se dé cuenta de que está ardiendo en el fuego del rencor por el agravio que le infirió el otro cónyuge, comience a recordar, a dar vueltas en la mente y rumiar tantos acontecimientos felices vividos con ese cónyuge, tantos favores que le ha hecho a lo largo de la vida, tantos detalles conmovedores de generosidad que ha tenido, tantas cualidades positivas que lo acompañan, tantas delicadezas que le ha ofrecido durante la larga historia de amor, tantos años de felicidad... Le garantizo que si se ejercita en esta norma, al sentirse acosado por el rencor, se apagará el fuego, volverá la paloma de la paz y el amor renacerá.

3ª Regla. Esta norma ya la hemos expuesto en el capítulo del perdón, sin embargo es bueno que la repitamos por razones pedagógicas.

Cuando un cónyuge toma conciencia de que se está abrasando en el fuego de la indignación porque está recordando y reviviendo un agravio, ¡pare ahí!, detenga su actividad mental, quédese un momento pensando en otra cosa o sin pensar en nada. ¿Se le prende un recuerdo? ¡Despréndalo! ¿Se le agarra un recuerdo amargo? ¡Suéltelo!

Tenemos delante de nosotros una pizarra completamente escrita. Usted toma el borrador y comienza a borrar línea por línea hasta que la pizarra quede enteramente vacía. De análoga manera su mente está ocupada y poseída por un recuerdo quemante. Bórrelo resueltamente hasta que la mente quede totalmente en blanco.

Como se ve, el trigo maduro de la felicidad conyugal no se nos va a regalar en una hora mágica como un aguinaldo de Navidad.

No hay mayor falacia que aquella posdata de los cuentos infantiles: "Se casaron y fueron muy felices". Lo que sucede es otra cosa: "Se casaron y comenzaron los problemas". Con las típicas dulzuras y amarguras de la existencia, entre rosas perfumadas y muros derribados, el amor fue escalando las alturas, día tras día, con altibajos y retrocesos hasta que un día consiguieron tocar con las manos el sueño dorado de dos corazones transformados en un solo corazón.

Es signo de inmadurez cuando, en los primeros tramos del itinerario conyugal, se producen los inesperados atascos y la joven pareja comienza con los trámites de separación entre gritos y peleas, diciendo: "Me equivoqué", "si hubiera sabido que era así...": es señal de atroz infantilismo.

Hay parejas que, después, de transitar entre ruinas y piedras rotas, llegaron a una sólida estabilidad y hoy lucen como cumbres altas y doradas ante la envidia y la admiración del vecindario. Pero también ellos tuvieron que atravesar por severas crisis.

Lo que sucede es que nadie quiere sacrificarse, podar ramas, limar asperezas; en suma, nadie quiere morir. Y sin este precio no es posible la maduración en el amor.

COMPRENSIÓN

Ella (la comprensión) es hermana de la misericordia e hija de la sabiduría. He aquí nuestro principio absoluto: si supiéramos comprender, no haría falta perdonar. Si las reflexiones que van a continuación fuesen aplicadas por los cónyuges cuando se producen las alteraciones anímicas, la convivencia conyugal sería un perpetuo cielo estrellado.

Comencemos diciendo que, fuera de casos excepcionales, nadie actúa con mala intención en este mundo. Es posible que le hayan atribuido a usted aviesas intenciones, y usted sabe cuán doloroso es eso, porque las intenciones no se pueden desmentir ni confirmar.

Por eso los verbos suponer, presuponer, interpretar, atribuir intenciones, decir medias verdades, todos esos verbos están en la frontera de la calumnia. Cuando las gentes hablan unas de otras, frecuentemente están atribuyendo intenciones, interpretando. Lo que están narrando es verdad objetiva pero al mismo tiempo lo están explicando en un tal contexto y tono que de hecho alteran el fondo de la verdad. Calumnia.

Ahora pregunto yo: ¿no estará usted atribuyendo al cónyuge intenciones que él nunca tuvo?, ¿no estará usted proyectando sobre el cónyuge suposiciones gratuitas, producto de un temperamento suspicaz? Al final, ¿quién está equivocado, él o usted?

Fuera de personalidades neuróticas, la actitud primaria y normal de un nombre respecto a otro hombre es la de la benevolencia. Si usted no me infiere a mí daño alguno, yo voy a proceder benévolamente con usted. Si procedo agresivamente para con usted es por los perjuicios que usted me ha ocasionado, o por los muchos traumas que yo arrastro conmigo. En los dos casos hay una reacción. Pero la actitud original del ser humano para con su semejante es la de la bondad.

Ahora le pregunto yo a usted: si el cónyuge le hace sufrir tanto, ¿ya pensó cómo usted le hará sufrir a él?, ¿quién sabe si no dijo lo que le dijeron que dijo?, ¿o lo dijo en otro contexto, o con otro sentido?, ¿quién sabe si no hizo lo que le dijeron que hizo? ¿No merecerá el favor de la duda?

¡Inescrutables arcanos del misterio humano! Todos dicen que es un tipo orgulloso. Lo que parece orgullo, sin embargo, es timidez. A pesar de que ambas actitudes (timidez y orgullo) sean realidades tan distantes y opuestas, no obstante tienen la mismísima cara. Un sujeto tímido siempre tiene un aire orgulloso debido a su tendencia a la fuga, y, además, ostenta también una apariencia antipática. Más aún, la observación de la vida me ha llevado a la conclusión de que todos aquellos que la sociedad califica de antipáticos son, simplemente, tímidos.

El comportamiento del cónyuge para con usted se asemeja a la obstinación. Pero, contra la apariencia, no es obstinación sino una necesidad de autoafirmación, es decir, un mecanismo de defensa. En realidad su problema no es con usted, es consigo mismo; es decir, él se siente tan poca cosa que, como reacción de autodefensa, necesita asumir actitudes obstinadas.

Usted se sentía como una rama desnuda al impulso del viento invernal entre nogales y rocas altas, mientras recibía con frecuencia de su cónyuge borrascas de agresividad, pero en realidad no era agresividad sino una manera de darse seguridad a sí mismo. Una vez más, mecanismo de defensa. Repito: el problema fundamental era consigo mismo, no con usted. Si supiéramos comprender, no haría falta perdonar.

Entre ruinas y piedras siempre descubrimos luces extrañas y paradojas inesperadas. Si el cónyuge es *difícil* para mí, más difícil es para sí mismo. Si con su modo de ser sufro yo, mucho más sufre él mismo. Y si hay alguien que esté haciendo los posibles e imposibles para cambiar y comportarse de otra manera, es él mismo.

Le gustaría ser encantador pero nació tan desabrido... Le gustaría ser suave pero nació tan agitado... Siempre soñó en vivir en armonía con todos pero su carácter lo arrastra al conflicto. ¡Cuántas veces y de qué manera se ha esforzado por proceder con una conducta equilibrada, pero con más frecuencia de lo que quisiera se le apoderan accesos neuróticos y hace lo que no quiere! Todos han visto su explosión, pero ¿quién ha visto sus silenciosas victorias interiores?

Ante el misterio doloroso del cónyuge, aquí levanta la cabeza un escuadrón de preguntas: ¿quién tiene la culpa de ser así?, ¿qué sentido tiene irritarse contra un modo de ser que él no escogió?, ¿tendrá tanta culpa como usted le atribuye?, ¿será que merece la repulsa que usted siente por su carácter, o simplemente comprensión, y quién sabe si compasión? Si supiéramos comprender, no haría falta perdonar.

Corre por las calles un maleficio atmosférico; es aquella aserción que dice así: "Piensa mal y acertarás". Sin embargo, todas las ciencias del hombre desde la biología molecular hasta el psicoanálisis nos afirmarán invariablemente: "Piensa bien y acertarás". ¿El malvado? No existe. Existe el "enfermo"; y si es enfermo para mí, más enfermo es para sí mismo, y si alguien sufre por ese modo de ser es él mismo.

A veces suceden hechos extraños: una línea vertical que de pronto traza un electroencefalograma está explicando, en un caso particular, por qué este individuo, ante aquel estímulo exterior, tiene aquella reacción agitada.

En una severa alteración atmosférica, unas nubes negras con determinada carga eléctrica cubren la comarca. Según como sea la constitución cerebral neuroeléctrica de las personas, muchos individuos de esta comarca quedan abatidos, irritados o nerviosos. Las nubes son arrastradas por el viento, desaparecen en los horizontes y estos individuos regresan a la completa normalidad. ¿Total? Bioquímica. ¿Dónde está la culpa?

Una densa y húmeda niebla a unos los deja deprimidos y a los otros, radiantes. Este sujeto suele ausentarse para descansar en una solitaria zona rural. Pero, misteriosamente, allí siempre se siente extrañamente mal. Con el tiempo se ha descubierto que ello se debe a una intensa corriente magnética que pasa justo por esa zona; y según como sea la constitución neuromagnética del cerebro, produce bruscas alteraciones en el estado anímico de este individuo. ¿Dónde está la libertad? La libertad existe, pero puede estar tan condicionada que, frecuentemente, hacemos lo que no queremos.

Este individuo es un prodigio de equilibrio y encanto. Pero lleva unos meses de gran inestabilidad y agitación. Con el tiempo se ha descubierto que la causa de la mutación es un fenómeno solar. Como explica la astrofísica, de pronto se produce una gran agitación en el interior del sol: el astro rey lanza de vez en cuando gigantescos chorros de gas incandescente que se elevan por encima de la cromosfera hasta alcanzar alturas de millones de kilómetros. Los aparatos de astrofísica detectan esos fenómenos; pero también los detectan ciertos cerebros de determinada constitución electromagnética, alterando notablemente el comportamiento de la persona. Cesa el fenómeno solar y este individuo vuelve a ser lo que era: equilibrio y encanto. ¿Dónde está la culpa?

Y no hablemos de los códigos genéticos, procesos endocrinos y digestivos, de las alteraciones atmosféricas, de las granizadas de rayos cósmicos, y mil agentes exteriores e interiores... y la víctima de tanta agresión es esta pobre libertad humana, alterada, condicionada, casi anulada.

¿Quién puede hablar de culpa y pecado? Sólo un perfecto sabio. Sólo nuestro Padre Dios sabe hasta qué punto mi libertad está disminuida o condicionada por factores bioquímicos y otras causas. Por eso siempre afirmo que Dios no perdona nunca; siempre comprende; no necesita perdonar porque sabe de qué barro estamos constituidos. Por eso el atributo específico de Dios es la misericordia, es decir, la simpatía gratuita, que quiere decir una reacción fuera de toda lógica, porque nos da lo que no merecemos. La reacción lógica de Dios ante la obstinación y el pecado debería ser el enojo y el castigo; y, en lugar de eso, nos ofrece afecto y simpatía. Eso es la misericordia, madre de la comprensión.

Si yo, deseándolo vivamente, no puedo agregar ni un centímetro a mi estatura, cuánto menos podré agregar un centímetro a la estatura del cónyuge.

Si yo primero debo aceptarme, no como a mí me gustaría ser sino tal como de hecho soy, en segundo lugar debo aceptar al cónyuge no como a mí me gustaría que fuese sino tal como es. Si supiéramos comprender, no haría falta perdonar.

SEPARACIÓN

El peso de los años puede aplastar las flores de la vida. Todos desearíamos que la existencia fuese un largo sueño repleto de ensueños. Pero no; en las copas de los árboles frecuentemente el viento silba como las serpientes, presagio de funestos días. En efecto; pueden darse situaciones conyugales en que no sólo es aconsejable sino necesaria la separación, situaciones en las que no debe haber intentos de reconciliación sino, simplemente, la separación. No estoy hablando de divorcio, sino de separación.

Las situaciones a las que aquí nos referimos no son aquellos altercados que se levantan, como olas encrespadas, en el hogar, con frecuencia y violencia. Hablamos de otra realidad: hay mentes sádicas y crueles. Cuando el cónyuge comienza, con crueldad mental, un plan sistemático de aniquilamiento psicológico sobre el otro cónyuge, lo va arruinando lentamente y arrastrándolo a un estado irreversible de exterminio...

Hay individuos que nacieron con la enfermedad de destruir; y se advierte que esta destrucción sistemática es peor que el odio; se asemeja al furor diabólico, porque no se pretende hacer daño sino un asesinato psicológico, y la víctima percibe que va a ser irremediablemente aniquilada... Llegó la hora de alejar la poderosa mano de la muerte.

En una situación de esta naturaleza, el cónyuge víctima debe pasar por encima de toda consideración y buscar refugio en la separación sin importarle hijos, juicios sociales, principios religiosos, el "que dirán". Puede ser que todo esto disuene con estridencia en los oídos del lector. Pero hay que tener presente en el primer plano de la conciencia que aquí se trata de resguardar los derechos fundamentales de la persona; que antes que esposo-esposa, padre-madre, son personas, y aquí se trata de salvaguardar la integridad fundamental de la persona, que es un valor por encima de todos los valores y considerandos para ponerse a salvo del exterminio.

Ahora bien, ¿cuándo estaremos en una situación tan extrema?

No será nada fácil distinguir una crisis conflictiva de una situación límite. Muchos esposos, cuando se encuentran sumergidos en medio de un áspero conflicto, en seguida piensan que no hay solución y que se ha arribado a un extremo insoluble. Son escasos los matrimonios que en su vida no hayan experimentado alguna zozobra estremecedora.

Pero aquí se trata de otra cosa. No es violencia física ni son problemas derivados del alcoholismo o la drogadicción. Se trata de algo peor, de un modo de ser, de una constitución psíquica de carácter destructivo o sádico.

Por cierto, no necesariamente estamos atribuyendo culpabilidad moral a los sujetos que poseen este carácter. Nadie quiere ser así; nadie escogió semejante estructura psíquica; son combinaciones de cromosomas y códigos genéticos que han dado por resultado esta destructiva personalidad.

Pero este modo de ser puede acabar destrozando la personalidad del cónyuge en diferentes proporciones, desde los grados leves hasta los más graves.

Existen también, es obvio, otras causas y circunstancias por las que se puede aconsejar a los esposos la separación.

EL DRAMA DEL DIVORCIO

Es un hecho incuestionable que el matrimonio, en la acepción clásica de la palabra, está en franca bancarrota. La cultura moderna no soporta ninguna institución o compromiso de carácter vitalicio.

Las estadísticas son alarmantes: en algunos países del llamado *primer mundo* el cincuenta por ciento de los contratos matrimoniales acaban en el divorcio. La cultura moderna se ha adaptado de tal manera a estos hábitos que prácticamente los novios se casan hasta donde aguante el amor. Se comprometen en matrimonio con una superficialidad tan inmadura que, ante la primera dificultad, comienzan las típicas peleas y gritos que preceden a la separación. Son incapaces de asumir el mínimo sacrificio. Los verbos perdonarse, adaptarse, aceptarse... están fuera de circulación.

Se divorcian con la facilidad de quien toma un vaso de agua y se vuelven a casar con la misma frivolidad. ¿Con quién se quedan los niños? También ellos, por hablar de alguna manera, quedan divorciados o disociados. Si se quedan con la madre, crecen bajo la sombra de la tristeza materna, y a veces una tristeza resentida: inseguros, temerosos. Muchos hijos se inclinan interesadamente hacia el padre porque éste no asume tan cordialmente la responsabilidad educacional y, por otra parte, dispone de dinero.

La madre, que con frecuencia había sido la víctima en el embrollo matrimonial, ahora tiene que cargar con la total responsabilidad, incluso a veces la económica. Mientras el otro –no siempre– se fue con una linda jovencita. No hay derecho. Clama al cielo.

Sin embargo, esta decantación conyugal no siempre sucede de una manera tan precipitada e irresponsable. Hay parejas, claro está, que luchan largamente por mantenerse de pie.

Pasaron muchos años, pero la situación no mejora. Parece que cada cónyuge vive escondido en su yo y no toma en consideración los sentimientos e intereses del otro. Los esposos se desalientan echándose la culpa mutuamente. Da la impresión de que la convivencia resulta peligrosa para ambos: es como vivir con un enemigo que conoce nuestros puntos débiles, y mutuamente se observan y se analizan con suspicacia.

Es imposible sentirse libres y ser transparentes en este estado de cosas, porque cada cónyuge tiene que andar midiendo cada palabra, porque cada expresión puede tornarse en un bumerang que revierte en su contra.

Cuando la pareja se va deteriorando, no se puede actuar con confianza y es imposible sentirse libres, al contrario, cada consorte se siente como si estuviera en la cárcel, y frecuentemente la verdadera razón por la que el cónyuge se va de la casa es para recuperar aquella parcela de libertad que había perdido con el actual compañero. En casa se siente asfixiado, no aguanta la atmósfera opresiva.

Cuando la pareja está atosigada con problemas, existe el peligro de que cada esposo pierda de vista su valía personal y su proyecto de vida.

En algunos casos, cualquiera de los esposos había abandonado un empleo promisorio o dejó truncada su carrera universitaria para poder casarse urgentemente y realizar su gran sueño, pero ahora, al contemplar por los suelos tantos sueños abortados, le resulta difícil, casi imposible, consolarse, y su tendencia es descargar en su cónyuge toda la culpa de tanto infortunio, lo cual aumenta el resentimiento y obstaculiza la reconciliación.,

En este trance fácilmente puede surgir la tentación de buscar refugio en los brazos de un amante, lo que de ninguna manera constituye solución verdadera.

Lo que es aconsejable, cuando la crisis ha alcanzado esta peligrosa altura, es separarse y pasar solos una temporada, no necesariamente prolongada, sin atisbo de hostilidad y de mutuo acuerdo, para poder respirar y tomar perspectiva, a fin de analizar más objetivamente la vida con sus problemas.

Conocemos casos en que, después de atravesar turbulencias en las que casi perecieron, con el paso del tiempo, que según dicen sana las heridas y arregla los imposibles, y con mucha paciencia y amor oblativo, los esposos superaron los conflictos y volvieron a la normalidad, y ¡quién lo diría!, hoy, después de tantos años, se los ve maduros como un atardecer de oro, reflejando un mar de serenidad y paz. ¡Una maravilla!

Pero también hay otros muchos casos en que, después de haber luchado denodadamente, sucumbieron ante lo inevitable, se separaron definitivamente, se divorciaron y probaron fortuna con otras personas.

Pero aquí quiero referirme especialmente a aquellas parejas de mucha fe y religiosidad, pero que, a la postre naufragaron en su empeño conyugal.

Se habían esforzado hasta el límite para sostener en alto la antorcha del compromiso conyugal. Pero existía entre ellos incompatibilidad de caracteres. Les faltó una buena orientación. No acertaron a sanarse en parte por falta de consejo y en parte por la índole de su modo de ser. La relación entre ellos primero fue enfriándose, más tarde envenenándose, finalmente agonizando, hasta que la convivencia se tornó insoportable. Se divorciaron dejando atrás una carga inmensa de drama y dolor, y un lento estrangulamiento del amor sepultó a toda la familia en la noche de la tristeza.

Buscaron otra pareja y se comprometieron. Esta vez la pareja funcionó admirablemente y tuvieron una linda familia. Pero sufrieron lo indecible por la incomprensión de su parentela, llena de prejuicios. Prácticamente fueron considerados como parias y dejados de lado como indeseables; aun los creyentes más piadosos los observan con mirada sesgada. Les costó muy cara la alegría del acierto conyugal del segundo intento.

Quisiera levantar aquí la voz para reclamar una infinita delicadeza y comprensión para los casos como los que acabo de describir. Estoy refiriéndome particularmente a los ambientes católicos en que, a veces, a los divorciados vueltos a casar lisa y llanamente se los juzga y condena. Ciertamente no es una actitud evangélica ni humana.

Hay que tener en consideración que detrás de muchos de estos casos se esconde una gigantesca carga de sufrimiento y desolación. Desde el punto de vista simplemente humanitario necesitan y merecen el mayor respeto, y desde el punto de vista evangélico, la máxima caridad y comprensión.

LOS CELOS

Los que aman tienden a ser, en cierta medida, celosos. Hay en la naturaleza intrínseca del amor cualquier extraño componente que conduce a los amantes a la exclusividad, a una especie de monopolio, lo que no sucede, por ejemplo, en el amor de la amistad.

Pero aquí nos referimos propiamente al temperamento celoso, característica que viene inserta en la estructura congénita de la personalidad y que se exterioriza en grados muy elevados, por no decir enfermizos.

El celo participa de la naturaleza de la obsesión. Un extraño sentimiento, mezcla de temor, inseguridad y ansiedad, se instala en la zona mental y emocional del sujeto como si un intruso se hubiese apoderado de nuestra habitación y no hay manera de expulsarlo.

El celoso se siente dominado, sufre la impotencia de no poder ahuyentar a ese molesto intruso. Estamos, pues, plenamente instalados en la zona de la obsesión.

Ya podemos afirmar desde el primer momento que cualquier terapia que sirva para desbaratar la obsesión será también el camino real para neutralizar los celos.

Naturalmente los celos son un sentimiento irracional donde, sin embargo, palpitan complejos de inferioridad y otros brotes del sistema emocional como vamos a ver. Sufre mucho el celoso y hace sufrir a los demás. Trataremos de ofrecer algunos lenitivos que suavicen las crisis de los celos.

Normalmente los celos reflejan un bajo nivel de autoestima. En cambio, los que tienen una correcta valorización de sí mismos difícilmente se preocupan de indagar quién los puede desplazar y reemplazar.

Dentro de esta lógica, a los individuos celosos les espanta pensar que cualquier competidor vale más que ellos y los puede reemplazar. Siempre están atisbando rivales en el horizonte. El sentimiento más característico de los celosos es la inseguridad, una invencible inseguridad.

Es difícil convivir con una persona celosa, porque los celosos, por sentirse inseguros, tienden a interpretar mal las cosas que suceden a su derredor; siempre están temiendo e imaginando que se los está subestimando, porque ellos sienten que no valen nada.

Si se les hace un regalo, quedan íntimamente defraudados, porque el regalo les parece poca cosa y consideran que es una prueba más de la poca estima en que se les tiene. Y así, todo lo que sucede a su derredor tienden a relacionarlo consigo, generalmente como señal de lo poco que se los estima, y, por consiguiente, de lo poco que valen.

Por ejemplo, si el cónyuge vive un romance, a los celosos no les duele tanto el pensar que su cónyuge tiene otro *propietario*, sino el pensar que el romance es una demostración de que ellos no valen nada y de que cualquiera los puede sustituir.

Como el fenómeno de los celos participa de las características de la obsesión y la obsesión está a su vez emparentada con el rencor, el celoso tiende a ser rencoroso y difícilmente olvida los antiguos deslices del compañero.

Los celosos tienden a ponerse fastidiosos pidiendo constantemente que se les asegure el amor y la fidelidad. Coartan notablemente la libertad del consorte, porque siempre lo están fiscalizando como gendarmes y lo hacen sentirse prisionero.

El compañero puede cansarse de que constantemente se le ponga a prueba su amor y puede suceder que sea dominado por la idea de irse.

¿Qué hacer?

En primer lugar nos referimos al compañero que tiene que aguantar al cónyuge celoso.

Dentro de lo posible debe tener paciencia, no irritarse, permanecer en calma cuanto pueda y recordar en todo momento que el problema fundamental de su cónyuge celoso es la inseguridad. Habrá veces en que será inevitable irritarse e impacientarse, reacciones que las debe evitar al máximo posible.

Lo más importante es no dejar de demostrarle afecto, tranquilizarlo, manifestarse cariñoso, no enfrentarlo. Si el compañero, cansado de tantos impulsos celosos, toma como reacción una actitud disgustada y retraída, esta actitud puede aumentar la inseguridad del celoso hasta el paroxismo como en un círculo vicioso.

Sería fantástico que los esposos tuvieran retiradas profundas para dialogar de dentro a dentro, manifestándose con toda confianza sus puntos vulnerables, ayudándose mutuamente a superar sus correspondientes zonas débiles.

En segundo lugar, la misma persona celosa debe evaluar en qué medida sus sentimientos son realistas: si habrían sido causados por un hecho objetivo o por una ansiedad subjetiva. Debe tratar de ser racional.

¿Cómo se sentiría esta persona celosa si el otro lo acusara de algo que no hizo? Debe dar por sentado que su compañero es inocente y que sus accesos celosos no sólo son fantasiosos sino también injustos.

Puede resultar una excelente terapia sanadora el hecho de abrir las puertas interiores para sincerarse con gran confianza: "Me siento muy inseguro; necesito tu paciencia y comprensión para tranquilizarme y ahuyentar los fantasmas...".

Todos los ejercicios de dominio mental para controlar las obsesiones son válidos también para desvanecer los celos.

INFIDELIDAD

Mirando el problema a vuelo de pájaro podemos afirmar que, en principio, la infidelidad es síntoma de que algo no anda bien en el matrimonio.

Con frecuencia los cónyuges buscan aventuras amorosas, porque procuran aquello de que carecen en su propio matrimonio.

Otro principio de alcance universal es éste: las parejas infelices inevitablemente tienden a la infidelidad.

Cuando los cónyuges renuentes a abordar aquellos problemas que se arrastran por años, tienden a buscar experiencias extramatrimoniales, aunque sean pasajeras, porque piensan que éstas pueden resultar un medio eficaz para aliviar tensiones y angustias y que, por este camino, hasta podrían encontrar solución a los problemas no resueltos de la intimidad.

Sucede a veces que un cónyuge busca una aventura amorosa diciendo que es para compensarse por un enojo profundo que vive en el matrimonio, pero con frecuencia lo hace porque secretamente dudaba de sus atributos sexuales.

Hay quienes, cuando están ausentes o temporalmente separados, en lo único que piensan es en estar juntos (con el cónyuge), y cuando están juntos sienten ansias por marcharse cuanto antes. Eternos adolescentes.

Incluso se dan casos en que los cónyuges infieles buscan una aventura pasajera porque intentan encontrar soluciones que las habrían encontrado en su propia pareja si, en su oportunidad, hubieran sido sinceros. Hay quienes afirman que están buscando terapias de liberación de las altas tensiones que están viviendo dentro del matrimonio, pero el fin no justifica los medios. Además son pretextos.

De hecho, para muchos la infidelidad puede ser una válvula de escape a través de la cual se desahogan de las frustraciones que se van acumulando cuando el cónyuge siente que ya no es feliz.

¿Qué es, pues, la infidelidad? Es proyectar en otra persona las potencias emocionales y sexuales aunque no se llegue a consumar el acto. Ser infiel es cuestión de intención o deseo, incluso de fantasía. Un beso lleno de ardor puede constituir infidelidad aunque no se pase de ahí, pero su intención y deseo fue que la aventura continuara avanzando.

Frecuentemente el cónyuge infiel no tiene la claridad necesaria para hacer un análisis sobre los motivos de su infidelidad ni capacidad para buscar soluciones a su verdadero problema.

El cónyuge infiel siempre busca pretextos, esgrime justificaciones: No me quieren; merezco mejor trato. Mi vida conyugal de hecho no me resulta plena ni gratificante. En mi matrimonio no soy suficientemente valorado. Hay que buscar remedios para superar la rutina...

Otros se justifican diciendo: Me encuentro en la mitad de mi existencia. Hay que tener en cuenta que se nos da una sola oportunidad para vivir, porque este plato no se repite. Y en esta única oportunidad no he acertado: mi matrimonio no es plenamente satisfactorio. ¿Por qué no mantener pequeños romances que den a mi vida frescura y novedad?

El cónyuge infiel siempre suelta la misma perorata al amante de turno: que con su pareja no es feliz; que su esposa es frígida, que su matrimonio no es gratificante, y aquellas monsergas que el amante de turno sabe de memoria que son pura mentira.

Hay un hecho inequívoco: el cónyuge infiel siempre se engaña; le parece que el cónyuge que tiene en casa es una persona llena de defectos y sin ningún encanto en comparación con las maravillas que tiene el amante de turno. ¡Cuidado! Hasta un niño de ocho años sabe que cualquier persona es encantadora en el éxtasis de un momento fugaz. Pero otra cosa es con *guitarra,* cuando en la convivencia de los días y años hacen su aparición cualquier cantidad de caprichos, rarezas, exigencias y golpes de egoísmo.

Hay otros que, muy sueltos de cuerpo, lanzan al aire expresiones como éstas: Una cosa es la lealtad y otra la fidelidad. Yo tengo pequeñas aventuras por ahí, pero soy muy leal con mi esposa: nos amamos, no le falta nada y en casa todos estamos contentos. Mis romances los llevo con gran discreción y de ninguna manera repercuten en mi hogar. ¿Qué mal hay en eso?

Finalmente, hay adúlteros que, con gran desparpajo, nos confiesan: Después de haber andado mariposeando por el ancho mundo, ¿saben a qué conclusión he llegado? Que no existe en el universo mujer tan estupenda como la que tengo en casa. Renuncio a todas y me quedo con ella. Se acabaron los romances.

No nos hagamos ilusiones. Por muchos pretextos que aduzcan los cónyuges infieles para justificar sus andanzas, no existen infidelidades sanas o inocentes. ¿Qué valor tiene un cónyuge al cual se le puede burlar impunemente? En cada romance extramarital, el cónyuge engañado deja de ser aquel ser especial, único en el mundo, con quien usted se comprometió a compartir la vida entera para siempre.

No es posible engañar al cónyuge y sentirse bien, porque el engaño es un acto deshonesto, y el hombre nació para la rectitud y no para la deshonestidad.

Si cultiva un amor extraconyugal para ensayar cómo se siente lejos de su pareja, o para convencerse de su potencia viril y así superar los complejos de inferioridad y adquirir autoestima, ese romance está destinado, sin más, al fracaso.

Corre el peligro de crear fantasías para luego desilusionarse. Ese romance no deja de ser una anestesia artificial para cerrar los ojos a la realidad bastante áspera de cada día. El éxtasis de un adulterio es un inmenso autoengaño: la vida no es así. La exaltación de un momento fugaz en que no hay niños enfermos, cheques protestados, basura que sacar... es un colosal fraude.

El engaño conyugal complica la existencia. Comienza por padecer una obsesión que no le deja pensar en otra cosa. Del burlador se apodera rápidamente la imposibilidad de concentrarse en su actividad profesional. ¡Cuántos empresarios y hombres de negocios hemos conocido que han caído en la bancarrota por andar enredados con otras mujeres!

En caso contrario, en el supuesto de que el burlador conserve todavía una cierta dignidad, comienzan a apoderarse de él los complejos de culpa; otras veces el temor, hasta angustioso, de ser descubierto por los familiares o conocidos. No tienen un día de paz. Necesitan estar justificándose, por lo general mintiendo.

Entramos, pues, en un contexto de sospecha, mentira y corrupción; sobre todo de mentira. Hay que ocultar algo importante de sus pensamientos y emociones al cónyuge, a los hijos, o a sí mismo. No se puede hablar con franqueza, la libertad automáticamente queda coartada. Todo parece corrompido y sumergido en un mundo artificial. Cada vez que sale de casa, aunque sea para un compromiso inocente y no para una secreta llamada telefónica, tiene que andar justificándose y dando explicaciones. Y así el esposo infiel pierde credibilidad y corre el riesgo de que no se le considere persona honesta.

Cuando uno engaña al otro, se engaña también a sí mismo. Dentro del ámbito matrimonial, cuando se ha descubierto y comprobado que el cónyuge ha sido infiel, es muy fácil atacarlo e inundarlo de sentimientos de culpabilidad y proclamar que por su culpa ha fracasado el matrimonio.

Tarde o temprano, el cónyuge engañado entra en sospechas y se oscurece el clima de confianza, y una nube de tristeza ensombrece el aire de ese hogar.

El cónyuge engañado, una vez que se entera y lo comprueba, automáticamente es acosado por el complejo de inferioridad y desvalorización; de ahí pasa a la etapa de la beligerancia y agresividad. Se deteriora la relación de pareja con los hijos y sobre todo consigo mismo.

En suma, no vale la pena...

LA ESPOSA BURLADA

Sucede con cierta frecuencia, aunque no siempre, que el burlador sea el esposo y la engañada sea la esposa. Aunque esta afirmación es cuestionada a menudo hoy día, pongámonos en principio, en la hipótesis de que en realidad es así.

Los muros han caído y las cadenas se han roto. Como un rebaño que cruza el río, los sueños y pensamientos se han agitado ante la crueldad de un impacto cuando la esposa se ha enterado y comprueba que ha sido engañada por el marido. ¿Qué debe hacer? He aquí unos consejos para paliar los efectos de tan terrible golpe.

Comencemos por colocar en orden de batalla unos cuantos interrogantes para evaluar la situación.

¿Quién sabe si faltó creatividad en su matrimonio? ¿Quién sabe si ustedes descuidaron los pequeños detalles para mantener viva y alta la llama del amor, y, como consecuencia, la pareja fue devorada por el virus de la rutina y, en la práctica, han constituido un matrimonio poco gratificante, y, como resultado final, el cónyuge inició una aventura para huir de la frustración?

La esposa se ha enterado. Ante los muros en ruinas de un edificio levantado piedra a piedra con paciencia e ilusión, he aquí que ahora nos hallamos en la crueldad de la hora amarga. ¿Qué hacemos? No nos podemos sentar a la sombra para contemplar la danza de las hojas amarillas que caen del árbol.

Llegó la hora de la crisis que, no rara vez, suele ser el principio de bendiciones inesperadas.

Es hora de analizar con serena autocrítica qué pasó, por qué sucedió esto. Sobre todo estamos en la hora de la sinceridad: quizá por primera vez enfrentar los problemas no resueltos que se arrastran durante años; abordar intimidades que nunca se habían atrevido a analizar, y comenzar de nuevo, no con los ojos cerrados como en el día de la boda, sino con la sabiduría que les ha dado la experiencia de los años.

Es hora de dejar a un lado recriminaciones y quejas, y reemprender el camino con un nuevo espíritu de generosidad e idealismo. Comencemos otra vez.

Las esposas engañadas me podrán replicar, y acaso con toda razón: "Se nos pide demasiado". Es posible. Mas yo, a mi vez, puedo contestar: "Pero vale la pena". En el observatorio de la vida me he topado con sorpresas inauditas: largas historias de esposas que sobrellevaron con ardiente paciencia las andanzas locas de sus maridos, atravesaron turbulentas crisis, estuvieron a las puertas de la separación..., pero sobrevivieron. Hoy, después de tantos años, constituyen parejas de oro, de una estabilidad envidiable y admirable, con espléndidas familias... Valió la pena.

He aquí unas palabras de gran sabiduría del escritor inglés Herbert Lawrence: "El largo proceso del matrimonio es un prolongado acontecer de cambios perpetuos, en el que un hombre y una mujer se recrean mutuamente sus almas y se hacen a sí mismos completos, como ríos que fluyen a través de un país siempre desconocido".

Pero hay cierta clase de infidelidades en que es difícil, por no decir imposible, la reconquista o recuperación de los esposos aventureros. Todo intento en ese sentido está destinado al fracaso. Se trata de sujetos que están estructurados con determinadas características por las que es inútil empeñarse en ordenar su vida desarreglada.

Temperamentos inestables. Así nacieron; desde la infancia hasta la ancianidad fueron de esa laya; versátiles, volubles, cambiantes. Nunca fueron capaces de sostener en pie un compromiso, jamás se estabilizaron en un sentimiento.

Temperamentos deshonestos. Verdaderos estafadores y embusteros que se mueven eternamente entre trampas, ardides y emboscadas. No sienten ningún rubor ni remordimiento al quebrantar los compromisos más sagrados. Así nacieron.

Temperamentos eróticos. Les ha tocado en herencia genética una tal constitución hormonal que no pueden controlar su sexualidad y les es imposible conformarse con una sola mujer. Ellos dicen que les gustan todas las mujeres y que no pueden evitar complicarse con ellas. Lo curioso es que estos temperamentos ardientes coinciden a veces con personalidades honorables de la sociedad.

Temperamentos donjuán. Toda flor que ven, quieren tocarla. Todo dulce que les apetece, quieren probarlo. Son mariposas que van picoteando de flor en flor; no bien probaron una, la dejan y van en busca de otra. Y nunca se sacian. Y lo hacen con la mayor liviandad, sin ponderar las consecuencias funestas de su conducta, sin medir el enorme daño que causan a tanta gente, sin remordimiento ni rubor. Está demostrado que los eternos donjuanes constituyen una fuente de infinita amargura para todas las mujeres que caen en sus redes.

En el caso de estos cuatro tipos de temperamento, ¿qué puede hacer la esposa burlada?

Es difícil la respuesta. ¿Poner en juego todas las habilidades para reconquistarlo y retenerlo en el hogar?, será posible?, ¿y a qué precio?, ¿y cuántos sacrificios?, ¿valdrá la pena? Se tendría que analizar cada caso.

De todas formas, si la esposa advierte que, si continúa esta situación, ella va a terminar probablemente humillada y deshecha, con repercusiones terriblemente negativas, no sólo para la educación de los hijos sino también para la estabilidad emocional de estos mismos hijos cuando sean adultos... en una hipótesis de esta naturaleza, la esposa debería optar por la separación.

CAPÍTULO V

DIOS EN MEDIO

UN PUENTE DE ENLACE

Bajo el peso de los años y a grandes profundidades por debajo de la conciencia yace un abismo insondable, un mundo desconocido que denominamos inconsciente. Lo consciente es como un fósforo encendido, y lo inconsciente como una enorme noche oscura. Lo consciente es como una isla de pocos metros cuadrados, y lo inconsciente como un océano dilatadísimo.

Lo más importante de nosotros es lo desconocido de nosotros. Por eso hacemos lo que no queremos; porque desde zonas desconocidas nos surgen impulsos desconocidos que nos sorprenden, asaltan y dominan en la conciencia, y hacemos lo que no queremos.

Nos resultan muy familiares los hijos y las hijas del egoísmo: orgullo, vanidad, envidia, rencor, venganza, resentimiento; en fin, agresividad de todo color. Estas son las fieras que despedazan la unidad y la paz, lanzando con frecuencia al esposo contra la esposa y viceversa. Todas estas fieras, con diferentes nombres, tienen un común denominador: *egoísmo*.

¿Qué hacer para que los hijos del egoísmo no nos lleven inexorablemente al fracaso conyugal? ¿Qué hacer, en una palabra, para dejar fuera de combate al egoísmo?

Una norma general de sentido común, una buena educación social, una orientación psicológica pueden constituirse en preciosas ayudas para mantener en pie el compromiso conyugal. Pero no basta. Necesitamos tender un puente entre dos orillas, entre dos corazones. Buscamos una nueva fuerza que, viniendo de fuera, se instale en los dos corazones, constituyéndosc en un elemento unificador, que enlace orillas separadas y eventualmente enemistadas.

Hemos comprobado en las páginas anteriores ¡qué difícil es mantener una relación matrimonial sin agrietarse a lo largo de los días! Es fácil ser felices y vivir unidos en los primeros tiempos, tiempos de novedad e ilusión, cuando se espera y llega el primer hijo.

Pero pasan los años; la monotonía, como una lenta noche, va poblando todos los rincones y, en su lugar, se hacen presentes los nervios y el cansancio. En medio de tantos obstáculos resulta una empresa casi sobrehumana sostener en alto la antorcha de la alegría conyugal.

El amor es una corriente que brota de un solo manantial: el corazón del Padre Dios. Esa corriente, atravesando la comarca de Jesús, se derrama en el alma de la humanidad y de manera más privilegiada en el corazón de los esposos. Y así podríamos decir que cualquier manifestación de amor es una participación de la naturaleza divina porque Dios, por esencia, "es" Amor.

EL REDENTOR DE LOS INSTINTOS

Hemos luchado contra las tormentas. Hemos caminado por senderos que se cruzan en el desierto. Hemos abierto las manos para que se llenen del polvo de las estrellas. Pero muchos de nuestros sueños volaron en alas de la muerte. Estamos llegando a la meta distante.

Hemos repetido hasta la saciedad en las páginas precedentes, que si no damos el paso del amor emotivo al oblativo, el matrimonio fracasará; que al amable todo el mundo ama y con el simpático todos simpatizan, pero que, para perdonar una ofensa, tengo que morir al instinto de venganza.

Pero nadie muere por gusto, nadie perdona por gusto. El morir a algo vivo no causa emoción sino dolor. Es como "dar la vida", pero nadie da la vida por gusto, porque el instinto primario del hombre es buscar lo agradable y rehuir lo desagradable.

Las personas de carácter muy rencoroso, al tomar una venganza experimentan una especie de placer. La mayoría de las personas, al responder a un grito con otro grito, sienten una misteriosa satisfacción. Eso es lo espontáneo, lo natural. Hacer lo contrario, como callar ante un grito, tener paciencia ante una grosería, eso no es lo espontáneo.

Para devolver bien por mal, es imprescindible realizar de antemano una verdadera revolución en las leyes ancestrales del corazón. ¿Quién hará esta revolución? Alguien que venga de fuera y se instale en los dos corazones. Y ese alguien tiene un nombre propio: Jesucristo.

Sólo Jesucristo puede instalarse en la intimidad del corazón y causar tan enorme satisfacción que compense el costo de tener que morir para amar.

Sólo aferrados fuertemente a un Jesucristo vivo y vibrante con todas las energías adhesivas y unitivas, sólo así se pueden apretar los dientes, tragar saliva, callar, y responder al grito con el silencio, y a la explosión con la serenidad.

Sólo Jesús puede causar satisfacción y alegría cuando el cónyuge se decide a controlar los nervios, reprimir las compulsiones agitadas, refrenar los instintos y evitar las represalias.

Sólo Jesús puede invertir las leyes del corazón poniendo perdón donde el instinto gritaba venganza, poniendo suavidad donde el corazón exigía violencia, poniendo dulzura allá donde emanaba amargura, poniendo amor allá donde reinaba el egoísmo.

Ésta es la revolución operada en las viejas leyes del corazón humano. El secreto fundamental de una feliz y larga convivencia conyugal está en imponer las convicciones de fe sobre las reacciones espontáneas, en la intimidad con Jesús.

Sólo Jesús puede descender hasta las profundidades donde habitan los hijos del egoísmo, primero para controlarlos y en seguida para transformarlos en energías de acogida. Sólo Jesús puede redimir los impulsos salvajes de los abismos instintivos, a condición de que el Señor esté personalmente vivo en mi conciencia.

Todos sabemos cuáles son los impulsos espontáneos del corazón:

Soltar aquí un grito,
lanzar allí una ironía,
echar siempre la culpa al otro,
nunca realizar una autocrítica,
encerrarse en un silencio resentido,
cobrar hoy por un antiguo agravio,
tener una reacción desproporcionada
por una insignificancia,
retirar ahora la mirada, después
la palabra,
mantenerse reticente para que él sepa
que ya lo sé,
dar rienda suelta a la suspicacia.

Éstos (y otros) son los impulsos espontáneos que siempre brotan con dos típicas características: sorpresa y violencia. Las personas impulsivas tienden a ser compulsivas; son aquellas personas que, en el momento menos pensado, cometen o profieren un despropósito del cual se arrepienten a los pocos minutos.

Cuando los impulsos salvajes intenten levantar la cabeza sorpresivamente, ¡deténgase!, esposo, esposa, ¡despierte!, ¡cuidado!; no es ése el estilo de Jesús, no es ése el precepto, el ejemplo de Jesús; pregúntese urgentemente: ¿Qué haría Jesús en mi lugar?, ¿cómo reaccionaría?, ¿qué sentiría?. ¿qué diría?, ¿cómo actuaría?

Cuando el esposo o la esposa recuerden

cómo Jesús devolvió bien por mal,
cómo supo guardar silencio ante los jueces,
con qué delicadeza trató al traidor,
con qué amor miró a Pedro,
cómo perdonó setenta veces siete,
cómo fue compasivo con toda
la fragilidad...

Cuando el esposo, la esposa contemplen a este Jesús con los ojos de su alma, reaccionarán con bondad, suavidad y paciencia ante cualquier emergencia sorpresiva y turbulenta de la vida.

Cuando, en un descuido instantáneo, uno de los cónyuges sea asaltado por un impulso feroz, y, en un desborde incontrolado, cometa una barbaridad, ¡no importa! Primero, no asustarse. Segundo, no avergonzarse. Tercero, reconocer humildemente el mal momento. Cuarto, pedir disculpas y proponer vivir alerta sobre sí mismo para actuar en el futuro según los sentimientos de Jesús.

Es Jesús mismo, con la colaboración de los esposos, quien llevará, tomados de la mano, a los cónyuges a la soñada madurez. Sí; Jesús mismo hará culminar la aventura matrimonial en una dichosa ventura.

Un sueño de épocas remotas se ha hecho carne como si hubiéramos pisado los pasos de los deseos. Dicen que el viento no puede capturarse ni enjaularse, pero aquí hemos atrapado un sueño con las dos manos. El cofre está lleno de tesoros y estamos contentos.

Los esposos han logrado sentarse a la sombra de la alameda sin preguntas en los labios y coronados de guirnaldas. Sembraron mucho y cosecharon mucho más. Sus ojos deslumbraron y su corazón se hinchó de dulzura. Ya no hay distancias; ahora los silencios están llenos de música.

Y para terminar, vamos a coronar estas sencillas páginas con un soneto de Francisco Luis Bernárdez. Considero que este soneto es una síntesis magistral de cuantas luces hemos encendido particularmente sobre las lomas del amor oblativo:

Si para recobrar lo recobrado,
debí perder primero lo perdido,
si para conseguir lo conseguido,
tuve que soportar lo soportado.

Si para estar ahora enamorado,
fue menester estar primero herido,
tengo por bien sufrido lo sufrido
tengo por bien llorado lo llorado.

Porque después de todo he comprobado
que no se goza bien de lo gozado
sino después de haberlo padecido.

Porque después de todo he comprendido
que lo que el árbol tiene de florido
vive de lo que tiene de sepultado.

ÉSTA ES NUESTRA CASA

No es una casa levantada ladrillo a ladrillo. Más bien se parece a un nido fabricado con fibras extraídas de las entrañas: ilusión, negación, ternura, comprensión.

Por la calzada por la que venimos peregrinando, más de una vez brillaron los ojos del lobo estepario que quería desgarrar la unidad; no rara vez asomó también su nariz la tentación de la fuga: "Me voy, ésta no es mi Casa". Pero fue exorcizada la tentación.

No fue fácil la jornada. En las tardes ateridas del invierno, ¡cuántas veces se nos congeló el pensamiento dudando de si nos habríamos equivocado de ruta! Cuántas veces nos preguntamos: ¿Habremos acertado en la opción? No nos conocíamos. ¿Serás efectivamente, tú para mí y yo para ti? ¿Será, de verdad, ésta nuestra Casa? Pero una y otra vez logramos ahuyentar los fantasmas y ponernos de nuevo en camino para reemprender la marcha.

Con gozos sencillos, alegrías calladas, podando ramas, suavizando asperezas, muriendo un poco, dialogando con dulzura..., la Casa ha ido para arriba piedra a piedra, día a día, a golpes de silencio y paciencia, y así hemos llegado muy alto.

La Casa es un sueño alcanzado, una atmósfera impregnada de gozo, bañada de serenidad, empapada de confianza, que nos acoge y envuelve con sus brazos a los dos, haciendo de dos corazones un solo corazón.

Ésta es nuestra Casa.

Matriz:
- Orozco y Berra 180. Sta María la Ribera.
  Tel. 5546 4500. Fax 5535 5589
  ventas@buenaprensa.com
  www.buenaprensa.com

Sucursales:
- **San Cosme 5. Sta. María la Ribera**
  06400 México,D.F.
  Tels: 5592 6928 y 5592 6948

- **Miguel Agustín Pro, S.J.**
  Orizaba 39 bis. Col. Roma.
  06700 México, D.F. Tels: 5207 7407 y 5207 8062

- **Loyola**
  Congreso 8. Tlalpan 14000 México, D.F.
  Tels: 5513 6387 y 5513 6388.

- **San Ignacio**
  Donceles 105-D. Centro. 06020 México, D.F.
  Tels: 5702 1818 y 5702 1648.

- **San Ignacio**
  Rayón 720 Sur, entre Padre Mier y Matamoros,
  Monterrey, N.L.
  Tels: 8343 1112 y 8343 1121.

- **San Ignacio**
  Madero y Pavo, Sector Juárez, Guadalajara Jal.
  Tels: 3658 1170 y 3658 0936.

**OBRA NACIONAL
DE LA BUENA PRENSA**